EL FLORIDO
PENSIL

ANDRÉS SOPEÑA MONSALVE

EL FLORIDO PENSIL

MEMORIA DE LA ESCUELA NACIONALCATÓLICA

CÍRCULO DE LECTORES

A la memoria de doña Paquita Vera Casares, maestra

REFRÁN: A quien no ama a sus parientes deben romperle los dientes.

CONSECUENCIAS EDUCATIVAS: *Nuestro refrán resume la más importante: El amor a la familia. Que los niños quieran a sus padres y los respeten.*

CESÁREO HERRERO SALGADO,
Cuentos, leyendas y narraciones, p. 97

¿Agradecimientos?

Personas que se dicen amigas, y a las que ciertamente yo tenía por tales, me han inducido a cometer este libro. Bien sabe Dios que yo no quería y cómo me he resistido. La agrafía es el estado natural del hombre que, por nacer, nace analfabeto y soltero; y nadie tiene la culpa de lo que pienses, para que encima vayas por ahí poniéndolo por escrito sin que te hayan preguntado. Pero no; cuando uno se gasta amistades así, pídele a Dios que el tajo sea bajo.

Baldo Oliver, por ejemplo, que pasa por individuo honesto; o Pilar González Frías, tan madrileña, tan educada; el mismo Pedro Resina, cuyos vecinos coinciden en ver en él esposo amante y padre ejemplar; Francisco Balaguer y Juan Fernando López Aguilar, catedráticos tras brillante oposición... Todos, quién hubiera imaginado esa recóndita dimensión de sus espíritus, animando, leyendo, opinando, buscando material, refiriendo anécdotas. ¿Y de Marcelo Huertas?, ¿qué se puede decir de alguien que conserva como oro en paño los libros escolares de su infancia, y que va el tío y que los presta? Y hay más nombres para el oprobio: Alfonso, Luis, Mercedes, Marisa, María Luisa, Conchita, Alberto... y todavía éstos tienen un pase. A fin de cuentas, gente ingenua, pero maja.

Lo que ya no tiene perdón de Dios es lo de Amina y Miguel, compadres queridos; lo de Juan Vellido, o lo de Isabel Pareja, quienes me padecieron como jefe o similar; lo de Mercedes Arancibia, que no me ha visto nunca, para quien sólo soy una voz que clama en el teléfono... No me gusta hablar mal de nadie, pero hay rumores de que son periodistas. Y bien saben ellos que al que da la cara se la parten.

Mención aparte merece el caso Gregorio Cámara. Este individuo es autor de una espléndida obra de la que este libro es profundamente deudor. Pues bien, no sólo no me ha llevado ante los tribunales, sino que ha accedido —y dice que encantado— a prologarlo. Quince años de amistad tirados por la borda de la manera más tonta.

De mi entorno familiar mejor no decir nada, tengamos la fiesta en paz. Pero sabiendo lo que me traía entre manos, nadie ha hecho nada por evitarlo. Y el peor de todos, mi hijo. El puñetero niño ha resuelto todas y cada una de las catástrofes informáticas que me han sobrevenido o que, astutamente, yo había provocado.

El caso, en fin, es que no me queda más remedio que agradecer a todos —y encima, muy sinceramente— la colaboración prestada. Pero, ojo, advierto, me conocen: esto no puede quedar así, de ningún modo; que la vida da muchas vueltas y algo tenemos de arrieros...

ANDRÉS SOPEÑA MONSALVE

Prólogo

Nuestra amistad, y me gustaría pensar que también una cierta afinidad intelectual y biográfica, es lo que seguramente ha podido llevar a Andrés Sopeña a proponerme la autoría de este prólogo, sin duda enteramente prescindible en un libro tan delicioso. Emocionado porque el amigo escribe y publica la obra esperada, me entrego con singular placer a glosar estre fruto maduro de la inquietud de un gran intelectual que tercamente se ha venido resistiendo hasta ahora a poner por escrito siquiera fuese alguna parte de ese torrente de ideas frescas y profundas que minuto a minuto derrama a su alrededor.

Andrés se empeñó en pertenecer a esa generación que en los sesenta se apuntó a cambiar el mundo y que en nuestro país se concentró en plantarle cara al franquismo, gran metáfora de excepción de todo lo que los jóvenes de entonces combatíamos. Pero, curiosamente, nuestro autor no ha llegado a mitificar nada, ni se deja vencer por la melancolía de aquellos aires, aunque sepa disfrutarlos cuando la ocasión lo requiere. Y tampoco ha cambiado nada en su estilo de vida de lo que no debe ser cambiado. Ser coherente y consecuente no le cuesta ningún esfuerzo. Es más, sabe atisbar como pocos la abrumadora continuidad que existe entre estos y aquellos tiempos, sabe quitar el barniz a lo que es simple apariencia de cambio y dejar al desnudo los estragos de la inercia histórica y sus añadidos, a veces vergonzantes... Empeñóse también en ser profesor universitario, y no sería necesario decir de qué, pues las barreras disciplinares le traen al fresco. En los setenta fue entre nosotros ejemplar compañero *penene* y, desde el *penenazgo*, implacable pero tierno retratista de las contradicciones e impotencias de aquella universidad nuestra y de sus gentes, a las que el cambio social y político sorprendía con el paso cambiado; de ello nos queda la memoria afortunada de ese entrañable y perplejo personaje, Gaudeamus, al que dio vida junto con el magistral dibujo de nuestro común amigo Juan Fernando López Aguilar.

El lector no necesitará muchas líneas para descubrir que tiene la rara habilidad de desvelar esos sutiles hilos conductores que dotan de unidad de sentido a las más diversas historias. Igual le pasa con las disciplinas. En una misma sesión de agradable charla puede muy bien irse con facilidad de la literatura y el arte a la música, del mundo de la sociología y de la política al campo de la comunicación, y aun saltar desde los más nucleares fundamentos teóricos del Derecho a algunas de sus ramas (y eso porque otras le son deliberadamente ajenas). En él es constitutivo gozar de la conversación y vivir literalmente en perfecta comunión con una vasta y variopinta biblio-vídeo-cómic-teca y algunas otras indescriptibles curiosidades que, por otra parte, hacen las delicias de quienes frecuentamos su amistad. Una de sus grandes pasiones es el cómic, del que con inusual lucidez gusta usar, como reconocido especialista, para poner al desnudo las reales claves ideológicas de nuestra sociedad.

Pero, sobre todo, Andrés es, sin pretender nada, de puro natural, amigo de sus amigos, elegante y cordial en el trato, conversador chispeante e ingenioso, cuyo gran sentido del humor consigue convertir una clase de la asignatura que profesa en la más amena de las disertaciones. En sus conferencias sobre los más variados temas, todos ellos relacionados por activa o por pasiva con el complejo mundo de la comunicación, ostenta el récord de que nunca nadie necesitó ser pagado para asistir a ellas, ni se durmió, ni tan siquiera bostezó. El disfrute de la inteligencia y la sonrisa están siempre en ellas garantizadas.

Sé que a él le costará algún tiempo perdonarme por haberle hecho esto... ¡Mira tú que decir estas cosas de un amigo! ¡Y en un prólogo! Mi única disculpa es alegar que este apretado esbozo de semblanza era, más que inevitable, necesario. Inevitable, porque a él he sido conducido por línea natural cuando me he puesto ante la hoja en blanco. Necesario, porque sólo una personalidad tan singular como la suya podría alumbrar un libro como el que el lector tiene en sus manos.

Con él, Andrés busca en el fondo de su memoria y cumple decididamente, con humor, un rito liberador que es exigencia de su vida y de la de muchos de nosotros. Porque *El florido pensil* es la narración vital y quintaesenciada de lo que fue la (des)educación de varias generaciones de españoles de la posguerra en clave nacionalcatólica, un espejo fiel del fascismo postizo del régimen y de la básica estulticia de los constructores y divulgadores de su ideología. Pero de una posguerra, ojo, que ha de ser generosamente entendida: pongamos... hasta bien entrado el decenio de los sesenta, y aún nos quedaremos cortos. Conocido es que el franquismo, en todos sus aspectos, siguió a piñón fijo las leyes naturales de la vida y sólo con el envejecimiento de su fundador comenzó la lenta decadencia y el definitivo ocaso, no ya sólo real, sino también oficial, de sus encarnaduras políticas e ideológicas.

Por esta razón, las imágenes que este libro nos va presentando con certera secuencia y selección, a muchos de los lectores nos son tan abrumadoramente familiares como nuestra propia señora e hijos, y aparecen entreveradas con aquellos primeros sueños, juegos, alegrías, éxitos y fracasos, penas, gozos, sombras y tristezas (por tanto, ¡cuidado con la melancolía!) que nos fueron haciendo personitas de mayor o menor fuste; para otros serán tan sólo lejanos ecos parcialmente vividos u oídos de sus mayores. Para los más jóvenes, en fin (¡batallitas que cuenta el papá carrozón!), aparecerán como un universo distante, extraño, alucinante, incomprensiblemente ridículo para sus referencias ideológicas y vitales actuales.

En cualquier caso, tal que así, como aquí precisamente se relata, fue nuestra (des)educación. Y, como suele decirse, «de aquellos polvos, estos lodos». Aunque esta es una cuestión todavía carente de estudios suficientes, el autor y yo mismo —y estoy seguro que también muchos de ustedes— tenemos la íntima convicción de que aquel fascismo trasnochado y ridículo que se nos imponía en nuestra infancia con recitados, lecturas y una buena dosis de palmetazos mientras nos suplementaban la escasa dieta con leche en polvo y queso de los americanos, tiene mucho que ver con las mentalidades y actitudes que hoy componen el mosaico macro y microfísico de los diversos poderes y formas de vida hispanos, que siguen haciéndonos todavía la puñeta y, de paso, considerablemente diferentes a los ojos del mundo.

Pero es verdad que lo que se enseña en un particular momento histórico, por supuesto, no es ni un producto azaroso ni tampoco una construcción coherente sólo debida a los designios de determinadas personas, fuerzas o grupos sociales. Lo que en las escuelas se enseña es reflejo de la economía, de las relaciones sociales, de la política, de la historia, de la filosofía, de la religión y de otros elementos del contexto que producen el precipitado final de un determinado universo ideológico, más o menos orgánicamente estructurado. En este sentido, el sistema de enseñanza ampliamente entendido, como dice Apple, es «una conjugación de la sociedad, o mejor, la sociedad misma». No obstante, en el caso que nos ocupa había, sobre todo ello, menos sociedad y sí mucho más de una puntillosa y exacerbada voluntad adoctrinadora.

Sin duda, el franquismo realizó el más poderoso intento adoctrinador de toda nuestra historia. La razón es que la preocupación escolar del régimen era casi exclusivamente ideológica y política. Dicho en el lenguaje académico al uso, ausentes las instancias económicas que forzaran a una instrucción compleja adecuada a la producción, la función más relevante que se asignaba a la escuela era contribuir a la dominación y a la reproducción social y política mediante el adoctrinamiento en los valores propios del conjunto de las fuerzas del bloque vencedor en la guerra civil. Los instrumentos: la enseñanza religiosa, donde la religión hay que entenderla militante y ultracatólica; la patriótica, fascistoide y maniquea, de vagas ensoñaciones imperiales; y la cívica, sentimentaloide y ultraconservadora. Todas ellas, por supuesto, *more hispanico* entendidas, simbólicamente entrelazadas y dirigidas a la misma finalidad.

Finalidad que no era otra sino la que propugnaba solemnemente en 1942, entre las paredes del claustro de la Universidad de Barcelona, la voz afectada y tonante del ministro Ibáñez Martín: «Una vez más afirmo paladinamente que la base del régimen no está en los grandes problemas materiales. El régimen ha de apoyarse en el alma de todos los ciudadanos, en la capacidad decidida y heroica de todos los espíritus ... La política inexcusable, la gran política de nuestro Movimiento está vinculada a la acción educadora, que de acuerdo con los principios sustanciales de la enseñanza, se ejerza en el corazón de la niñez y de la juventud. Sin esto carecerá de sentido el Movimiento y sería imposible la permanencia del Régimen».

Sabido es que tan explícito, coherente y paladino programa de «acción educadora» despertó instantáneamente grandes vocaciones dormidas, y una legión de ilustres pedagogos puso manos a la obra para ofrecer sus leales servicios. Tras haber depurado todo lo depurable (esto es, todo escrito —o persona— que tuviera «matiz socialista o comunista» o que hubiera seguido «el ideario perturbador de las mentes infantiles»), en las escuelas primarias, en los institutos y colegios, en las escuelas de magisterio y hasta en muchas cátedras universitarias se enseñaba con arreglo a esta aberrante ortodoxia metodológica, por llamarla de alguna manera, expresada por boca de un entonces ilustre catedrático de historia de la Universidad de Valencia, cuyo nombre mejor será omitir: «El maestro ha de proceder de modo apriorístico, seleccionando hechos no sólo en función de su valor histórico absoluto, sino de su valor para la formación en este sentido patriótico nacional que preconizamos. Ha de hacer resaltar de modo interesado los hechos que muestran los valores de la raza, silenciando otros que o no la ennoblecen o pueden ser interpretados torcidamente. Se trata, repito, de hacer españoles que sientan la historia y no de formar hombres que conozcan plenamente la historia». Pondré punto y aparte para darle tiempo al lector a reponerse.

Nada de extraño tiene entonces que con esta imaginativa proclama de exacerbado maniqueísmo se consagraran «los métodos educativos de la España tradicional»: el rechazo absoluto de las «doctrinas pedagógicas del extranjero», porque son, según decía el BOE, «hipócritas, extrañas, exóticas y despóticas»; otorgar destacadísimo lugar al sistema, «clásico en la tradición española», de la repetición para «obtener la mayor fijeza y solidez en los conocimientos», así como el método de las concentraciones y el de la concentricidad de la enseñanza religiosa... Como arengaba Sáinz Rodríguez a los maestros, aquella concebida «nueva milicia de la cultura», no se trataba de afirmar esa idea liberal y rousseauniana de que hay que respetar la conciencia y la libertad del niño y del maestro, sino de pensar en que la idea contraria es precisamente «el eje de toda la filosofía de la educación patriótica».

Los niños y jóvenes de la posguerra tuvieron que crecer así, inevitablemente, en la más completa autarquía. Dentro, sí, de los temibles efectos de la autarquía económica, también política; pero, sobre todo, inmersos en una cabal autarquía intelectual e ideológica. Véase si no lo que tenían que hacer tras el cotidiano desayuno:

Comenzaban la mañana con el acto de izar la «enseña de la Patria» y, brazo en alto e impasible el ademán, con el canto simultáneo de alguna de las versiones autorizadas del himno nacional (nosotros cantábamos la de Pemán, lo he sabido ahora por Andrés); canto que era seguido de otros igualmente patrioteros y militaristas, ora de Falange (era inevitable el «Cara al sol» o el «Montañas nevadas»), ora de «La Legión» (¿tendré que apuntarlos?). Al entrar en clase saludaban con el «Ave María», entonaban cánticos religiosos y, al mediodía, rezaban el «Angelus». Recibían sus lecciones, en clases presididas por el Crucifijo flanqueado por los severos retratos de Franco y José Antonio, con los métodos y contenidos nacionalcatólicos que este libro magistralmente desvela. Obligatoriamente, todos los días tenían que hacer un ejercicio escrito e ilustrado sobre un tema religioso, patriótico o cívico. Para los niños, por expresa disposición legal, todo debía recordarles la milicia; a las niñas, todo el ambiente les había de llevar a la «femineidad más rotunda, con labores y enseñanzas apropiadas al hogar». Cuando en la lección de geometría se trataba de enseñarles el círculo, éste se representaba con una escuadra de Flechas y Pelayos; en la lección de gramática, los nombres propios, singular y plural, sujeto, verbo y predicado, se aprendían a partir de edificantes textos relativos a gloriosos hechos de la Cruzada o de la historia imperial de España, «unidad de destino en lo universal», reforzados con las ilustraciones más llamativas (y no pocas veces peregrinas, como se recordará... o se verá).

Algunas tardes, e ineludiblemente los sábados, asistían a la lectura de los Evangelios y, en ocasiones, a las prácticas catequísticas o apostólicas de la Santa Infancia o del Apostolado de la Oración, Escolanías o Acolitados, además de realizar el estudio de la historia sagrada y del catecismo, así como el rezo del santo Rosario. Los domingos y «días de guardar» eran conducidos por los maestros, «en ordenada corporación», como exigía la circular correspondiente, a la misa parroquial. Pero no, todo esto no era suficiente. El acendrado patriotismo católico que era necesario infundir en las nuevas generaciones exigía más. Así, entre las actividades mensuales o dispersas a lo largo del curso, realizaban los sacrificios por las intenciones del Pontífice, el Viacrucis, la Semana del Seminario, el mes de las flores, los ejercicios espirituales, la preparación para la primera comunión o la confirmación...

Y, como no podía ser menos, tenían que festejar el Día del Caudillo, la Fiesta de la Raza o de la Hispanidad, la de Santa Teresa (sólo las niñas), los aniversarios de la muerte de José Antonio Primo de Rivera y del Estudiante Caído, el Día de la Victoria, el de la Unificación, el de la Independencia de España, el de San Fernando (sólo los niños), San Pedro y San Pablo, la Consagración del Sagrado Corazón de Jesús, el Domund, el Día de los Caídos, el Día del Papa, el Día del Obispo, el Día del Párroco... Del día del sacristán no se ha hallado constancia en los archivos.

Así era, puedo afirmarlo. Y tanto más rígida y exactamente cuanto más cerca de 1939 nos situemos. Pero que conste que gran parte de estos ritos y toda esta retórica hueca recuerdo que los sufrí, como muchos españolitos, todavía allá por finales de los años cincuenta y principios de los sesenta. Pero, afortunadamente, un pueblo menesteroso, aunque sea sometido y abrumado por tanta palabrería, sabe preservar su conciencia de las cosas por puro sentido común o por mero instinto de supervivencia ante la realidad. Recuerdo que en mi pueblo, como en tantos otros de España, aquellas historias poca mella hacían en unos niños que, ateridos de frío, miraban con envidia a los compañeros que habían tenido la precaución de llevarse bajo el duro banco escolar las brasas recogidas en lo que antes habían sido grandes latas de conserva, brasas generosamente donadas por el panadero al pasar por el horno de la esquina. Niños que de cuando en vez esperaban con ansiedad el trozo de queso amarillo y cremoso «de los americanos» repartido algunas tardes en la escuela, o la hora en que «el Julián», el hijo del maestro, depositaba unas cucharadas de leche en polvo en el gastado jarrito de porcelana o de plástico que casi todos llevábamos diariamente a clase (así que, cuando el maestro preguntó una vez qué animal nos daba leche, todos contestamos muy ufanos que «el Julián, don Baldomero»).

No, el problema no era el de la eficacia de tales mensajes explícitos. El problema era muy otro, del que no podíamos ser entonces conscientes: si tales ritos y proclamas se tomaban en buena parte a chufla y, por tanto, no producían los efectos perseguidos por quienes los promocionaban, constituían sin duda un importantísimo factor de ocultación y de falseamiento de la realidad social del país y, en consecuencia, de invencible dominación ideológica, porque podían comprometer hondamente el espíritu infantil apenas éste comienza a reflexionar. Esto lo dijo Gramsci y, por supuesto, estoy muy de acuerdo con él. Y, sobre todo, porque nos cortaron de raíz el acceso no ya al estudio, sino a la mera información sobre la existencia de otras ideologías, otras religiones, otras formas de vida, otras interpretaciones de nuestra historia...

En definitiva, porque construyeron en cada uno de nosotros un páramo intelectual; porque nos ocultaron las relaciones sociales reales y alienaron nuestras conciencias con el paniaguado alimento que para nuestra imaginación y nuestra naciente vida era ese credo amalgamado que ahora llamamos nacionalcatolicismo. Pero estaba, además, todo el conjunto de sutiles mecanismos latentes que, con información aparentemente neutra, tejieron mensajes que por los canales de la repetición, de la costumbre o de la emoción, sí que producían en nosotros los efectos deseados de conseguir la aceptación como naturales del autoritarismo, de la jerarquía, del militarismo; el refuerzo de la autoridad, del conformismo, de la sumisión; la valoración del líder indiscutido, del salvapatrias, del jefe; la aceptación de la familia patriarcal, de la sociedad desigualitaria, de la pobreza y de la miseria que generan; el refuerzo del machismo y de la cultura del porque lo digo yo; el desprecio de las actitudes pacifistas y universalistas; el alimento de actitudes racistas y xenófobas... ¿Acaso nos hemos desprendido de ese lastre? Pues que no digan entonces algunos estudiosos que el franquismo careció de ideología. Tuñón de Lara dijo con razón que sostener eso supone, quiérase o no, rehacerle cierta virginidad política al régimen. Y nada más sugerente para desmentir que este su presunto carácter *aideológico,* de lo que implacablemente se encarga este magnífico libro.

A la vista de sus contenidos explícitos, cabe concluir que el *nacional-sindi-catolicismo* fue, ciertamente, una ideología de aluvión, de un gran esquematismo simbólico, abigarrada, simplista, a veces contradictoria, claramente maniquea y de una tosquedad verdaderamente aplastante, en la que pueden descubrirse especialmente operantes componentes de mentalidades típicas de orden, tradicionales, ensoñaciones fascistoides y contenidos y recursos ocultos de santificación del *statu quo,* de lo que había; ingredientes que, junto con un exacerbado y xenófobo nacionalismo y un virulento rechazo del liberalismo, la democracia, el socialismo, el comunismo y el anarquismo, formaban un conjunto ideológico orgánico estructurado en torno a la interpelación religiosa católica en su versión más ultra. Un magma, como se ha dicho, sin vigor y sin vigencia intelectual alguna. Pero fue, al cabo, ideología.

Las *Lecturas Graduadas, Glorias Imperiales,* la *Nueva Emoción de España, Patria,* el *Libro de España, El muchacho español...,* para los chicos, y *Guirnaldas de la Historia, Enciclopedia Elemental de la Sección Femenina, Fabiola...,* para las niñas, componían la dieta intelectual diaria de los escolares. En estos libros de texto o de lecturas aprendíamos con textos vehementes y sentimentaloides lo que un buen español o española, católicos fervientes, teníamos que amar u odiar, imitar o rechazar, condenar sin concesiones o exaltar con orgullo patriótico. Se trataba, como comprobará el lector, de que aquellas privilegiadas mentes se habían propuesto nada más y nada menos que formar al «caballero cristiano y español» y al ama de casa recatada, sumisa, hacendosa y hogareña.

Todo este ambiente, que no he podido resistirme a abocetar, es admirablemente recreado por Andrés Sopeña con maestría, con realismo, con pasión, con ternura, sin referirlo sólo al ámbito cerrado y estrecho de la escuela, sino extendiéndolo, en su torno, al conjunto de aquella nuestra vida cotidiana. Lo recrea con la ternura y el realismo de quien no es capaz de olvidar la historia, de quien sigue viviendo el pasado, nuestro pasado, en el mismísimo presente, precisamente porque tiene la lucidez de reconocer que no todo ha pasado y que es mucho, por el contrario, lo que permanece; lo retrata con la serena pasión de quien no ha renunciado a nada ni traicionado ninguno de aquellos principios tan duramente adquiridos y mantenidos en aquella prodigiosa década contra lo oscuro, lo falso, lo impuesto, lo que le hace ser doblemente penetrante y desvelador.

Este libro es un espejo grande y claro donde quienes nos miremos tendremos la fortuna de aprender mucho acerca de nosotros mismos, deleitándonos al tiempo con una prosa poco común, que se sitúa en los antípodas del academicismo; una prosa de un estilo directo y fresco, suelto, gracioso, conducida por una inteligente ironía y un finísimo sentido del humor, ambos entreverados con el profundo humanismo que tantos de sus amigos tenemos la suerte de reconocer día a día como característica definitoria y envolvente de Andrés Sopeña.

GREGORIO CÁMARA VILLAR
Catedrático de la Universidad de Granada

Introducción

—Dice tu hermana que se ve divinamente. Que el bajito del bigote se ha llevado dos coches y un arado de vertedera, y que la peluquera gorda ha perdido un chalé en Los Monegros. Joaquín, simpatiquísimo todo el tiempo, venga pistas, pero ella...

Yo ya no escuchaba. Mi terrible presagio se hacía realidad: ¡era el nuestro!, ¡es el nuestro! Y una indescriptible y desconocida sensación, mezcla de rabia, de impotencia, de angustia y desolación, creo, se fue apoderando de mí.

Tardé bastante en reaccionar. Intuía que, ante todo, debía apartar la mirada. Y es ridículo, contado así, pero me resultaba imposible hacerlo. Alguien, entonces, encendió la luz; y con la luz llegó también un cierto distanciamiento, un amago de suficiencia ante el problema: lenta, muy lentamente, con el cuidado con que se retira el apósito que cubre la llaga, mis ojos comenzaron a moverse por la habitación.

Insufrible el papel pintado de las paredes; para mí que aquellas penosas volutas estaban, además, boca abajo; pero no dije nada. Reconocí a mi hijo, al que encontré delgado y feo; y con gafas.

—¿Por qué lleva gafas éste?

—Miopía. Le dolía la cabeza... Va para un año.

—¡Ah!

Más fondona; estaba más fondona. Elvira, mi mujer, digo.

—¿Qué tal?

—Ya ves.

Y continué mi recorrido visual:

—Tu madre. Es tu madre. Está ahí.

—Sí.

—(...)

—Lleva aquí dos semanas. Está muy sola la pobre; desde lo de papá...

Es lamentable condición humana la de no apreciar el profundo valor y sentido de las cosas sino en lo irremediable: situado en lugar de privilegio, definiendo la distribución de personas y mobiliario, la sola presencia del artefacto enmudecido pregonaba sus virtudes. No es arriesgado afirmar que casi todo lo que los españoles conocen sobre los hábitos migratorios de los estorninos —y quien dice hábitos migratorios de los estorninos, dice el ocio en las comunidades trapenses—, lo han aprendido por su merced. ¡De qué sencilla manera nuestra infancia sortea la aridez y abstracción del cálculo matemático! Un simpático y peludo muñeco azul de ojos estrábicos se dirige a una ameba ensimismada: «Yo tengo un carcirulo y tú tienes otro carcirulo; un carcirulo que tengo yo y otro carcirulo que tienes tú, hacen dos carcirulos. Dos, dos, dos. Dos carcirulos juntamos entre los dos. Mi carcirulo y tu carcirulo...». ¡Y probablemente no estemos sino en el alborear de insospechadas posibilidades didácticas! Por su influencia, por su motivación, cualquier pareja de jóvenes, amigos y residentes en Toledo, La Coruña, Badajoz o Murcia, uno de ellos estudiante de Derecho, claro, se encuentra en disposición de recitar —ojo, sin repeticiones, sin el fácil recurso a aumentativos o diminutivos, colores, clase de tejido u hora del día o de la noche—, la relación de capitales europeas que carezcan de río importante y no hayan tenido alcalde soltero, como, por ejemplo, Belgrado.

Los compases del Himno Nacional en el receptor del vecino, claramente audibles en aquella nuestra salita inundada de mortificante silencio, pusieron fin tanto a la pesadilla como a la reflexión. Y nos fuimos a la cama.

El técnico vino al día siguiente. Una tontería dijo que era. Una tontería, pero me cobró seis mil quinientas. Eso sí: se ve perfectamente. Aunque, por si acaso, adquirimos uno portátil.

Y ahora esto, la noticia, la conmoción. Sé que resulta difícil de creer. Algunos, incluso, opinarán que miento; que oscuros intereses, probablemente no ajenos a un contubernio disolvente del que cada día aumentan las evidencias, predisponen estas líneas y hacen de mí su sicario. Y lo entiendo; y reaccionaría de igual o de más encendida manera, porque no sería para menos. Pero tampoco sería honesto el que la comodidad primara sobre la obligación y yo eludiese la responsabilidad a la que mi mente, mis conocimientos, mi estatus intelectual y académico, en fin, predisponen inexorablemente. De otro lado, la proverbial sinceridad que me caracteriza me obliga a admitir que tampoco estoy por la labor de permitir que cuatro eruditos de contraportadas o solapas, barba y calva incipiente por todo equipaje intelectual, se promocionen con la presentación y glosa —vale decir, manipulación— de un acontecimiento de la envergadura del que nos ocupa. Me siento, pues, en la ineludible disposición de proceder a participar un trascendental descubrimiento, cuyo mero enunciado pone en cuestión los fundamentos mismos de cuanto da sentido a nuestras vidas; así de seria está la cosa.

Es el caso que, ojeando la prestigiosa revista norteamericana *Kitchen and Home,* encuentro, en su no menos prestigiosa columna *Archaeology and other nonsenses,* la noticia: indagando en estratos no alcanzados hasta ahora sino gracias a modernas técnicas de escarbe controlado por láser, estratos en los que son ya infrecuentes los cascos de Coca-Cola, y los chicles mascados presentan inusitada dureza y franca decoloración, J. P. Leakey, pocero él, ha llegado a la sensacional conclusión de que la televisión no ha existido siempre.

Han leído bien, pero no tengo inconveniente en repetirlo: la televisión no ha existido siempre.

Llegados a este punto, me permito recomendar al amable pero, sin duda, sorprendido lector que respire profundamente y reflexione, en la posición que le resulte más cómoda, acerca del sentido profundo, de la real magnitud de lo que acaba de leer. Si lo cree necesario, puede cerrar el libro durante unos minutos; aunque no aconsejo que lo preste en el ínterin.

Y bien, de nuevo con ustedes. ¿Qué me dicen? ¿Tenía o no tenía yo razón? ¿Es o no trascendental la noticia? ¿Eh?

Supongo que atisban la primera y capital consecuencia: ¿cabe seguir hablando de Humanidad, de Civilización, de Cultura, para referirse a una era que me pido *prime* en denominar pretelevisiva?

Ahora sí, ahora se resitúan y encajan con facilidad las rebeldes piezas del *puzzle* histórico. Guerras médicas, púnicas, y peloponésicas; guerras a treinta, sesenta y noventa años; cruzadas y conflagraciones mundiales... No han sido, entonces, sino drástico sistema de restablecimiento del equilibrio económico entre población y bienes de consumo. Un equilibrio previamente alterado por una comprensible búsqueda de entretenimiento y emociones entre homínidos y homínidas aburridos, sin otro quehacer entre ocaso y aurora que el del mutuo despioje y el mantenimiento de la hoguera. «Laissez faire a Venus et vous aurez Mars», había escrito, atinadamente, Bergson.

Con razón, afamados polemólogos de todo el mundo y de nuestra Comunidad Autónoma, concluyen en un reciente estudio la inequívoca relación entre Paz y Televisión: «Cabe afirmar —y como cabe, lo afirman— que las escaramuzas y riñas armadas del momento presente se localizan sistemáticamente en y entre países con escaso número de aparatos receptores o serias deficiencias de programación».

En este sentido, cuando Milton Friedman —*honest Fried*, como cariñosamente su esposa Rose le denomina en la intimidad— afronta el estudio de las adversas consecuencias secundarias que la eliminación de la inflación plantea, incluye un apetitoso diagrama de tarta que aclara cómo la conflictividad social avanza preocupantemente «en aquellas sociedades que no incluyen el regalo de un coche en el concurso estrella de la noche de los viernes». «El relativo fracaso de los *Chicago boys* cuando son llamados por el dictador de turno —reconoce— se encuentra en no haber recomendado un cualitativo y cuantitativo incremento en este tipo de obsequios que esos estúpidos creen merecer por recordar una cosa tan simple como que Oslo es la capital de Finlandia.»*

En todo caso, las más inquietantes cuestiones a propósito de la tan sensacional como turbadora noticia que nos ocupa, se plantean en relación con aquella casi sagrada misión educadora que la televisión asume gustosa y responsablemente.

---

* Milton Friedman, *It will screw up tighter than that;* hay traducción española: *El precio justo.* Opiniones opuestas, pero que muy opuestas, a las de Friedman pueden leerse —con dificultad, dado que están escritas a mano y en papel reciclado— en *Lo que sabemos de la madre de Friedman,* por el colectivo Os Vais a Enterar, Mamones.

Como es bien sabido, la Familia, célula básica del entramado social, compleja imbricación de elementos biológicos, psicológicos y culturales, ha evolucionado en el tiempo y en el espacio, y siempre en íntima y dialéctica relación con los sistemas sociales y formas de civilización que le eran contemporáneos. Su estructura, sus condiciones de vida, las relaciones entre sus miembros y con el conjunto del cuerpo social, han experimentado muchas y muy diferentes manifestaciones, las cuales no siempre han encontrado explicación suficiente en la mera mención de relaciones de causalidad con la evolución económica y social del momento.

Lo cual a mí me da lo mismo —ahí queda el párrafo—, porque de lo que yo quería escribir era de otra cosa: de cómo esa institución natural, sancionada por la Religión, la Ciencia y el sentido común, protegida por la Ley, ha recibido y recibe bofetadas hasta en el carné de identidad; y de cómo yerran quienes, con la mejor de las intenciones e inundados de buena fe, han aceptado la batalla en campo contrario, fortificando el dato biológico. No, señores, no: craso error, mano descarada en el área, penalty de libro: la diferenciación sexual, la reproducción vivípara, la indefensión del recién nacido, no son razones suficientes —mucho menos, las únicas— para configurar de manera inequívoca la institución familiar. ¡Pero si está claro, caramba! Los desaforados embates de las hordas enajenadas y disolventes se estrellan cual merengue ante la esencial e irreductible función de la Familia: garantizar la continuidad de la Civilización, de la Historia.

En toda época, en cualquier latitud, la Familia ha sido el instrumento decisivo para la transmisión de tradiciones y convenciones, para el progresivo acondicionamiento de mamoncillos meones a las normas y pautas vigentes. La Familia es como una inyección intramuscular en el cuerpo social, la margarina vitaminada, la *nocilla* que lo mantiene sano y coloradote.

Pero, héteme aquí que en este instrumento privilegiado de socialización, en este medio de adaptación a la vida social y de desarrollo de la personalidad, la fatiga física y psíquica de los progenitores hace estragos. Entre transporte, trabajo y pendoneo, el padre permanece fuera del hogar entre 10 y 12 horas al día. El 88 por 100 de los trabajadores se queja de cansancio; al 12 por 100 restante no le queda fuerzas ni para eso. El caso de las madres que trabajan fuera de casa es sustancialmente idéntico, y el de las que permanecen ocupadas en el trabajo doméstico, peor.

Y aquí es donde aparece la Televisión y su papel determinante en la Familia y, por ende, en la Civilización contemporánea. Porque familia que contempla la televisión unida, permanece unida hasta la tercera edición del Telediario. Y, sobre todo, la televisión acepta el confianzudo relevo de unos padres que no están para gaitas y asume la función educadora. Pasado el destete y la iniciación a la automoción, el niño es todo suyo.

El sueño de Platón hecho realidad, mira tú por donde. Que hay que ver lo que se quejaba el hombre: «¿Hay que aguantar —se preguntaba, dolido, el filósofo— que cualquier chalado disponga del privilegio de modelar almas, colocando su rollo a los críos? ¿Hay que aguantarlo, eh?». Y es que Platón estaba hasta las narices de los mitólogos aficionados, intrusos sin titulación —chachas y abuelos, en particular— fabricantes de relatos que socavan el edificio social, seduciendo al personal y provocando deseos y pasiones, que no es plan. «Lo que tenemos que hacer —venía a decir el hombre— es crear nosotros los mitos, las historias, y controlar su difusión. Si hay que cortar, se corta; si hay que prohibir, se prohíbe; si hay que largar a alguien, se le larga.» Y conjetura: «Tal vez el aparato para modelar una mitología del Estado sirva a los hombres del futuro».

Excelentemente expresado por Platón —como todo lo suyo, por otra parte—, podemos y debemos definir la Educación como: *Acción que la Televisión ejerce sobre los niños para desarrollar sus aptitudes y ayudarles a integrarse en la Sociedad.*

Precisamente por eso, estremece, azoga y atribula el imaginar que alguna vez pudo faltar el propio vehículo de estímulo al cultivo y desarrollo de la personalidad; el suministro básico de las experiencias elementales de amor, odio, amistad, sofoco y envidia. Espanta tener la certeza de que la Sociedad no siempre ha dispuesto del edecán ideal para sus pretensiones de reducir disonancias, marcar distancias, crear actitudes, preservar tradiciones, alentar sentimientos y recomendar consumo. ¿Cómo se reconocían en esa época oscura los comportamientos desviados, la transgresión voluntaria de órdenes, leyes, mandatos, prohibiciones y sugerencias? ¿Dónde el código ético, el asidero axiológico, el *taca-taca* moral?

De susto, como ya digo. Y de meterse en la cama y esperar a que escampe, si se tiene en cuenta un dato cuya consideración, ladinamente, he eludido hasta estas horas, pero que no he de callar por más tiempo. De manera que ahí va, a lo claro, sin anestesia: esto que vengo mostrando, esta carencia esencial y catastrófica, no pertenece al pasado más lejano, no es Historia Antigua, pobreticos, que vivieron la noche tenebrosa del error y de la confusión. No es sólo pasado, no es sólo Historia, quiero decir. Y bien que lo siento, que no sabe el personal cómo y cuánto. Porque yo lo sabía. Yo sabía que la Televisión no ha existido siempre. ¿Es necesario que explique este escamoteo? ¿Entienden las razones de mi silencio?

¿Que no? Me lo temía, me lo estaba figurando. Pero conste que me obligan a remover un pasado que entendía olvidado, periclitado a todos los efectos. Helo aquí:

Serrano tenía televisión. Tenía también una colección de *minicars,* lo que ahora no hace al caso, pero la tenía. Y Serrano usaba y abusaba de su situación de privilegio. Todos nos dábamos de bofetadas por pertenecer a su círculo de íntimos: a Serrano se le cambiaban cromos a la par, sin atención a las cotizaciones del momento; se decía, aunque no soy amigo de propagar rumores, que Chamorro le había regalado el escudo del *Barcelona,* por el que yo hubiera dado hasta siete *repes.* Así estaban las cosas con Serrano; así estaban.

Pero así no podían seguir. Serrano no era tonto; ¿cuándo he dicho yo que lo fuera? Pues eso, no lo era. Sabía que toda explotación tiene un límite y él estaba a punto de jugar de portero aún poniendo el balón, que lo ponía. De manera que la mañana de un *miércoles europeo* lo soltó; medida, dosificada, displicentemente, lo soltó:

—Esta tarde *dan* el partido.

—¿Qué partido?

Sánchez Peinado ha llegado a consejero autonómico a base de preguntas como aquélla. El *partido* era el partido. No había otro.

—El *madrínter* —aulló el orfeón.

—Si qu..eis ve...o

¡Qué silencio! Habíamos soltado el cuello de Sánchez Peinado y mirábamos a Serrano. Y Serrano repitió:

—Si queréis verlo...

—¿En tu casa?

Pérez sí que decía tonterías algunas veces.

Renuncio a comentar lo anticristiano de nuestro comportamiento en las horas que precedieron a la visita. Baste decir que los menoscabos, burlas, extorsiones y zaherimientos de meses quedaron cumplidamente lavados en sublimes momentos de destajo vengativo. Los hermanos Angulo, *el* Liñán, *el* Resina, otros más y Peláez, que no se me olvide Peláez, se enteraron aquella tarde de lo que valía un peine: ellos, a oírlo; yo, a verlo.

Si contrario a las más elementales normas de caridad cristiana fue el comportamiento de algunos, el de Serrano alcanzó los límites ciertos de lo demoníaco. Nunca, por más que viva, olvidaré aquella su mirada al abrirnos la puerta. Y no sólo por la expresión de un momento supremo de poder, sino en cuanto reflejo de la flaqueza humana: la nuestra, la del grupo, agusanado en el rellano. Pero *Nulli homini est perpetuum bonum,* que había dicho Plauto; porque un chisporroteo arbitrario de puntos blancos y negros, unido a un ruido, insoportable a secas, era lo único que aquel trasto evacuaba.

—¡Eso es que no ha *empezao*!, ¡eso es que no ha *empezao*! —justificaba Pérez, balanceando las patillas, gorrión en aquella silla imponente y mullida.

Ni empezó, ni terminó, ni nada de nada. Los más optimistas sostenían que se oía una voz; y alguien, probablemente Pérez, en una de las idas y venidas de la imagen —porque, para colmo, aquello iba y venía—, expresó su convicción de que había entrevisto la pelota.

—Por la noche sí que se ve bien —aseguraba Serrano periódicamente.

Serrano no completó nunca la colección de futbolistas de *Primera*. Al poco tiempo trasladaron al padre; o se le murió, que no recuerdo. Pero no volvimos a saber de él. Dios le haya perdonado.

De tal serrana aventura quisiera retener, a los efectos de la presente exposición, las siguientes circunstancias:

a) En mi casa no teníamos televisión.

b) En la de los demás, tampoco.

c) En la de Serrano, sí.

d) Daba igual, porque no se veía.

O sea: por este país todavía pululan, como si tal cosa, seres de honesta apariencia, pero moralmente estropiciados por una educación —¿una educación?— sin televisión, es decir: incoherente, literalmente infestada de principios vegetales, de convicciones minerales, de resabios animales y primitivos, de miedo a la oscuridad. Seres extraños de una época que se extingue. David Vincen los ha visto.

Y yo soy uno de ellos. Aquí donde me leen, yo soy uno de ellos. Un destino ligeramente más afortunado que el reservado al paramecio, permitió, no obstante, que el estrago no fuera irreparable: un General Eléctrica Española de 17 pulgadas vino a paliar la ruina cuando yo contaba once años. El destino y mi voluntad, claro; pues no me despegaba del artefacto sino para ponerme un colirio. Aunque tardío, aquel cursillo intensivo y las dosis masivas que, desde entonces, me echo diariamente al cuerpo, me han permitido llevar en la actualidad una vida casi normal.

En cualquier caso, preciso resulta no ser injusto. Ni con aquella época oscura, ni con sus supervivientes. Peor o mejor, la Escuela hizo lo que pudo. Y, en tanto que la afortunada generación que puede elegir entre cinco o seis programas infantiles a las ocho de la mañana, termina su formación, en aquellas enseñanzas de los años cuarenta y cincuenta se sigue encontrando la cifra de nuestro pretérito imperfecto y aún mucho de nuestro presente de indicativo. Testigo privilegiado, pienso contarlo. Que se sepa.

Mejor dicho, yo no. Al efecto, he exhumado las memorias del niño que fui.

Sorprendente e inesperado cariz el que ha tomado el asunto, ¿eh? Esto, decididamente, termina por extraviar su marfileña apariencia de ensayo erudito para tornarse cárdeno y apasionado relato de una época y unas gentes; con sus interioridades, sus egoísmos y sus miserias morales. Una obra de trazos rectilíneos y duros que capta y mantiene el interés del público aficionado al género, por su ritmo trepidante y la excelencia de su realización. En el orden moral ofrece leves reparos, ya que si bien en algunos pasajes se acentúa su natural crudeza, el fondo del asunto es perfectamente ortodoxo y claramente aleccionador, subrayado por un final convincente y decididamente ejemplar.

Primera parte: Pilarín, Periquillo y todo lo demás. Primera parte: Pilarín, periquillo y todo lo demás. Primera parte: Pilarín, Periquiyo y todo lo demás. Primera parte: Pilarrín, Periquillo y todo lo demas. Primera parte: Pilarín, Periquillo y todo lo demas. Primera... etc.

Pilarín, la tonta

«Resultado: pues ningún caramelo, y Pilarín es tonta.» Eso, o algo parecido, fue lo que puse en la libreta; y me castigaron. Dos palmetazos y sin ir a comer a mi casa; por culpa de la tal Pilarín, la niña esa.

Que yo pensé que lo mismo me había equivocado. Pero no; repasé con los dedos, y no. A ver: 2 caramelos que dio a su hermanita, más 1 caramelo que dio a su primito, suman 3 caramelos. Y si tenía 3 caramelos y dio 3 caramelos, pues no le quedó ningún caramelo a Pilarín; y era más tonta que Abundio, que vendió el coche para comprar gasolina. Porque si hubiera dado uno a cada uno, le habría quedado otro a ella; y eso, pues estaba bien, y era lo que había que hacer cuando tú tenías tres caramelos, tu hermanita y tu primito, ninguno, y ellos se enteraban y se lo decían a tu madre, los puñeteros. Pero el problema no decía nada de eso, que a lo mejor es que faltaban datos...

El Ruiz me dijo que lo mismo Pilarín era diabética, como su tía, la de Ruiz, y que no podía tomar dulce porque se moriría. Pero se veía que eso no podía ser, porque entonces en el problema pondría: «Un asesino da tres caramelos a una niña diabética que se llama Pilarín...».

Lo más seguro es que se tratara de una niña abnegada, de esas de las lecturas, que la madre está muy enferma y eso. A lo mejor hasta tenía un paralís en una pierna, la Pilarín.

Adolfo y Emilio también me cayeron gordos enseguida. Fue por lo del 73:

Ejercicio 73. Tomar muchas piedrecitas y con ellas formar montones de 1, 2, 3 o más decenas.[1]

Y a mí, aquello, pues me parecía una tontería muy grande. No me iba a tirar toda la tarde cogiendo piedras, en vez de jugar. Y luego, los amigos:

Niños normales, que tocan a cuatro caramelos y que no regalan ni uno y no complican los problemas, como la tonta de Pilarín.

—¿Qué haces?

—Aquí, con las piedras.

—¿Por qué?

—Son decenas.

No veas el cachondeo. Y a pique de que me pusieran *el decenas* o *el piedras* para el resto de mis días.

Y a mi casa tampoco podía ir. Los bolsillos y la cartera llenos de piedras, menuda se iba a poner mi madre:

—¡Dios mío cómo me viene! ¿Pero qué traes ahí?

—Piedras.

—¿Piedras? ¡Este niño no está bien de la cabeza! ¿Tú quieres acabar conmigo? ¿Es que no se tc va a ocurrir nunca nada bueno?

—Son deberes. Tengo que contarlas.

—¡Tonta! ¡Encima me tomas por tonta! Anda, tira para la calle y suelta toda esa porquería... ¡Qué purgatorio de chiquillo!

Y, por una vez, mi madre habría tenido razón.

Pero Adolfo y Emilio, a lo que parece, no tenían amigos; o eran huérfanos:

82. Adolfo tenía muchas piedrecitas y las fue disponiendo en grupos de diez. Habiendo resultado 4 grupos. ¿Cuántas tenía?
84. Emilio dispuso sus piedrecitas en grupos de 10. Resultaron 3 grupos y sobraron 7 piedrecitas. ¿Cuántas tenía?

Yo puse que 40 uno y 37 el otro; ya ves tú la tontería, que no tardé ni media hora en resolverlo. Astutamente, me callé que me parecían unos pánfilos y no me castigaron. Pero la cosa, lo veía venir, se podía poner mucho peor cuando llegáramos a las centenas y los millares; no veas: «Recoge muchas piedrecitas y agrúpalas en montañas de mil...».

El maestro decía que el saber no ocupa lugar, y que todo lo que estudiáramos ahora nos sería de utilidad el día de mañana, cuando fuésemos hombres de provecho. Pero yo comenté en casa que de mayor nunca sería contador de piedras, y a todos les pareció muy bien.

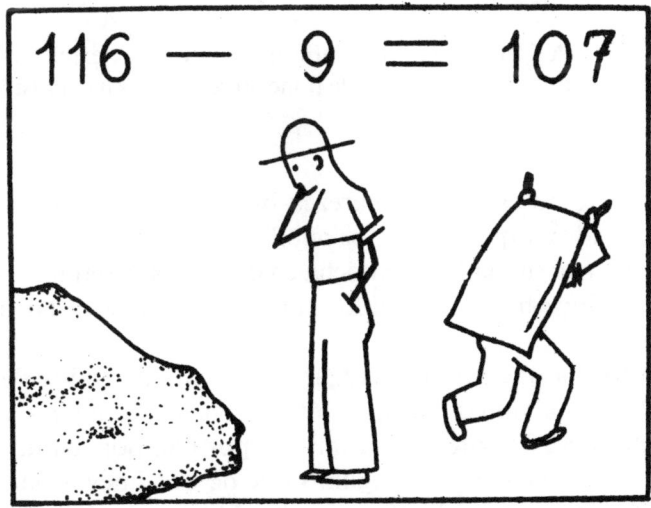

Contador de piedras abrumado, sin saber por dónde empezar.

Con los problemas de geografía ya me iba peor, no acababa de pillarlos, yo. Porque dabas la lección once, por ejemplo, que era sobre las regiones de Castilla y Extremadura, ¿no?, y ponía:

Un señor de Santander vendió 890 litros de leche a 3 pesetas y con el importe compró en Cáceres 1.000 kg de corcho a 2 pesetas el kg. ¿Cuántas pesetas le sobraron?

Muchos pusieron que 670 pesetas, fíjate. Pero ¿y Santander? ¿Qué pintaba Santander en el asunto? y el corcho, de Cáceres. Sería por algo; vamos digo yo. Si le iba a sobrar lo mismo que a uno de Córdoba que comprara pimientos en Algeciras...

Es que muchos problemas estaban mal planteados. Como pasaba con el 1195, por ejemplo. Porque ningún niño iba a dar a otro dos reales por nada; sólo para comprobar que ahora el otro tenía el duplo del dinero que juntaban entre los dos cuando antes tenía nada más que un tercio. ¿Y qué? ¿Con eso, qué? Si yo le digo al Ruiz una tontería así, la cunde enseguida. Pues eso no podía pasar. Lo de Periquillo, el del 9 de la suma, sí, pero eso no.

9.   Periquillo tiene 40 céntimos en la mano derecha y 25 en la mano izquierda, y su mamá le pone 30 céntimos en el bolsillo. ¿Qué dinero tiene Periquillo?

Hombre, no es que me parezca bien que Periquillo no se fíe ni de su madre, y que apriete los puñillos con el dinero que va amarrando; pero si su madre se empeña en darle una pesetilla en dosis...

Ese lo hice bien. Periquillo tenía 95 céntimos, y no me castigaron.

Y otro día que no me castigaron fue cuando todos los niños de la clase estaban equivocados menos yo, y a todos les daba de respuesta «18.292 pares», y a mí: «imposible, por los huevos de abajo». Y el maestro me preguntó que de qué huevos hablaba, y en vez de darme un palmetazo, cogió el libro y leyó el problema, y le dio risa:

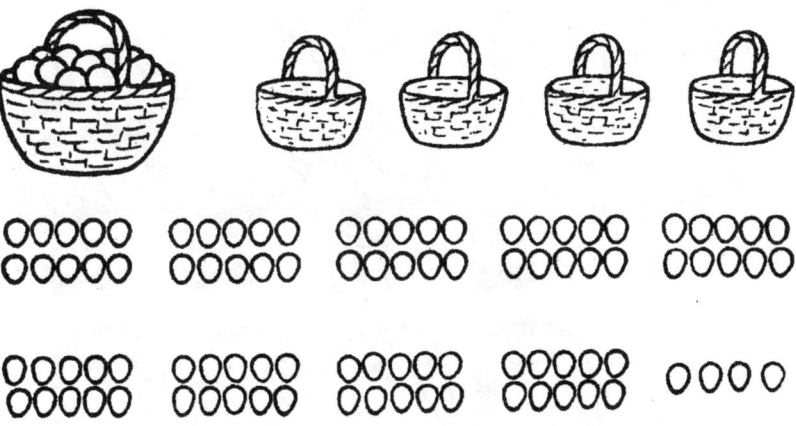

El asunto de los huevos de Pilarín, la tonta.

74.   En un cesto hay 36.584 huevos. ¿Cuántos pares de huevos contiene?

Y luego me pidió que explicara mi respuesta, pero que me esperara un momento que iba a llamar a su hermano, que era el maestro de los mayores, y que no quería ni un ruido, y que Torrecillas apuntara a quien hablara. Y cuando volvió, pues yo expliqué que treinta y seis mil quinientos ochenta y cuatro eran una barbaridad de huevos y que no se podrían juntar tantos, y que cómo era el cesto. Además, todos los de abajo, los huevos, estarían aplastados y chorrearía por todas partes y que quién iba a llevar un cesto tan enorme poniéndose perdido, que si la tonta de Pilarín.

La verdad, lo de Pilarín no lo dije. Pero lo pensé.

Con el 436, el de las gallinas, lo pasamos estupendamente. El Ruiz nos dijo que en su barriada había gallinas y que por el día estaban en la calle; y allá que nos fuimos con él, el Pozas, el Sánchez Peinado, el Carlos... no se quién más, y yo. Por el camino, el Pozas nos dio una murga enorme con las gallinas, que era el único que se había leído la lectura *Gallinas y gallineros*, y por lo visto

Diez señores menos cuatro señores igual a seis señores

10 señores − **4** señores = **6** señores

10 − 4 = 6

En la suma y en la resta, los elementos tienen que ser homogéneos. Si restas señores, por ejemplo, todos tienen que tener bigote.

es una vergüenza patria que tengamos tan pocas gallinas, que no dan más que 27 millones de huevos; y no se las debe dejar escarbar en estercoleros y cuadras.[2] El Ruiz se partía de la risa, y el Pozas se mosqueó y nos quedamos sin saber los procedimientos de incubación.

Cuando llegamos, era increíble aquello, oye: las casas, pequeñísimas; y algunas tenían cuadra; y huertecitos otras. Y vimos un caballo atado, que el Ruiz nos dijo que no era un caballo, que era una mula, que parecíamos tontos. Olía raro; el Sánchez Peinado decía que qué peste, y Ruiz aclaró que era del estiércol, la caca de mulos, vacas, caballos. Sánchez Peinado decía que deberían tirarla más lejos y el Ruiz le miró como si fuera un marciano y dijo que allí estaban las gallinas. Es que Sánchez Peinado no sabía que había tiendas de estiércol, porque cuando hicimos el 817, él estaba enfermo:

817.   Un colono compró por 126 ptas. un montón de estiércol de 5 m^3 250 dm^3. ¿A cuánto le salió el m^3?

Había seis o siete gallinas picoteando en la tierra, tan tranquilas. Y nos acercamos. De pronto se descorrió la cortina de una puerta y el agua de un barreño por poco si nos cae encima. Una mujer se nos quedó mirando:

—¿Qué queréis, niños?

—Estamos viendo las gallinas —dijo el Ruiz.

—¿Son libres? —preguntó Pozas.

—¿Quée?

—Que si las gallinas son libres —aclaré yo.

—Son mías, eso es lo que son. Y ya mismo os estáis largando. ¡Antonio! ¡Antonio!

Para cuando saliera el tal Antonio nosotros no habíamos parado de correr, que al Pozas se le cayó la cartera y no le esperamos.

—Es que una gallina libre tiene que ser una gallina salvaje.

—¿Y dónde están las gallinas esas? —preguntó Pozas.

—En la selva, casi seguro —repuso Carlos.

Yo estaba callado, y el Ruiz movía la cabeza y repetía como para sí: «... ¡gallinas salvajes! ¡gallinas salvajes!...».

Los escarabajos salvajes son más fáciles de encontrar que las gallinas libres.

En fin, sin la más mínima evidencia, afrontamos el enojoso asunto:

> 436.   Se admite que una gallina libre llega a comerse 375 insectos diarios. Según esto, ¿cuántos días emplearían 20 gallinas para destruir 60.000 insectos?

Pusimos «8 días» para tener la fiesta en paz con el maestro. Pero con el de las currucas ya sí que no tragamos:

> 445.   Créese que una curruca se come unos 250 insectos diarios. Yo di la libertad a 32 currucas. ¿En cuánto tiempo se comerán 1 millón de insectos?

—¡Un millón de insectos! Seguro que no hay un millón de insectos en todo el mundo.

—Ni nadie tiene tantas currucas.

Eso, sin contar que estas son las horas en que seguimos sin saber qué pueda ser una curruca.

Con la mayoría de los problemas pasaba lo mismo, que no podías comprobarlos. No te ibas a echar a la carretera para ver si un individuo podía pasarse la vida recorriendo 28 km diarios. Y sin más fuste que el de encontrarse con otro peatón que había salido de un punto situado a ¡648 km! Pues vaya una cita. Y encima el segundo, más cuco, iba más despacio, a 23 1/3 km por día.

Con lo cual, que cuando tocó el 18, pues tuve unas palabras con el maestro, que yo le dije que faltaban datos, y él me dijo que los datos me los iba a dar él a mí, y yo le dije que tendrían que dormir y comer, y evacuar, y él me dijo que por qué yo no podía hacer los problemas como todo el mundo; y se le veía molesto. Pero yo tenía razón:

18.   Dos caminantes se dirigen uno hacia el otro. La distancia entre los puntos de partida es de 300 km. Uno anda 8 km por hora y otro 7. ¿Cuántas horas tardarán en encontrarse y a qué distancia de los puntos de partida?

Y todas las excursiones eran del mismo calibre:

50.   De un camino de 350 km hemos andado 60 km. Representa en forma fraccionaria el camino recorrido y el que falta por recorrer.

Ahora, para tute de andar, pero tela de caminata, la que se pegó el pobre hombre que se empeñó en demostrar que la Tierra es una enorme bola, redonda como una naranja:

Se ha demostrado esto porque caminando siempre en una misma dirección se ha vuelto al sitio de origen por la parte opuesta.[3]

Hasta que un día me enteré del porqué del frenesí andante. Fue cuando tuvimos que hacer el 349:

349.   Un andarín gana 614,50 pesetas por cada kilómetro que recorre. Según esto, ¿cuánto vendrá a ganar por cada Hm, Mm y m recorridos?

Que yo eché mis cuentas y con cruzar la calle ya tenía para chicle y pipas; y con subir y bajar El Paseo ya ganaba más que mi padre en un mes. Por eso, cuando aquella noche, en la cena, dije que de mayor quería ser andarín, a todos les pareció muy bien.

Claro que tampoco eran malas profesiones las de lechero o tabernero, ¿eh? Porque el agua de la fuente era gratis y manaba y manaba...

> 22.   Un revendedor de leche compró 6 Dl a 2,75 pesetas el litro. Le echó 12 litros de agua y la vendió a 0,25 pesetas más barata. ¿Cuánto ganó?
> 60.   A 200 litros de vino de 2,4 pesetas le he echado 25 litros de agua. ¿A cómo sale el litro de mezcla? Y si lo vendo a 0,35 pesetas más caro, ¿cuánto gano en la operación?
> 10.   (...) les eché 74 litros de agua...
> 5.   (...) les echó 45 decalitros de agua...
> 61.   (...) se echaron 43 de agua...

De las dos, sin embargo, como preferible, la de tabernero; eso sin duda. Porque el lechero corría sus riesgos:

> 1080.   Hallando floja la leche que me trajeron, pesé 1 litro y resultaron 1.028 g, debiendo pesar 1.035. ¿Qué tanto por ciento de agua contenía?

Y si no va a haber confianza, pues no es plan. Si además te la pegaban hasta las vacas, ya me contarás:

> 1133.   Recibe una lechera diariamente 60 litros de leche. Queriendo un día averiguar si era pura, la pesó y halló 61,620 kg. Dígase si la leche era pura o qué cantidad de agua se le había añadido...

Pues se le había añadido su docenita de litros de agua bien despachada. Y si la recibes así, ya me dirás cuánta más se le puede añadir sin que se vuelva transparente. Y luego, que si se corta, que si no es del día, que si la tuberculosis... El vino es mucho más agradecido, dónde va a parar:

Medio litro de agua, su poquito de ácido tartárico, y como nuevo.

828.   El vino torcido se corrige con la adición de ácido tartárico a razón de 100 gramos por hl. Esto me aconteció con 7 pipas
de 250 litros cada una. ¿Cuántos gramos de dicho ácido necesité
para corregirlo?

Y está el consumo, que no hay color. De leche, un vasito a lo
más. Pero de vino...

247.   Una casa que gasta 4 litros diarios de vino puede optar
entre comprar el vino por litros a 2,50 ptas. uno o por barriles de
240 litros a 540 ptas. uno...

851.   Un particular tenía para el consumo de su casa 145 litros
de vino de a 2,80 ptas., y 280 litros de a 2,20 ptas.

Recuerdo que cuando comenté en casa que a lo mejor me hacía tabernero, a todos les pareció bien; sin entusiasmo, pero bien.

Lo que, seguro, seguro, *no* quería ser de mayor era funcionario:

80.   El sueldo de un funcionario es de 928 pesetas al mes, pero tiene los siguientes descuentos: 1 % de habilitación; 8 % de utilidades; 5 % de derechos para la jubilación; 2 % para la Mutualidad del Cuerpo y 3 % para un seguro médico particular. ¿Cuánto cobra realmente al mes dicho funcionario?

Pues yo hice mis cuentas y me salía que los 6 primeros días de cada mes se los pasaba trabajando para el Cuerpo, para la habilitación esa y para las utilidades, que no le veía yo la utilidad. Y que llevábamos hechos ya muchos problemas y no estaba muy claro de qué vivía el hombre, el funcionario, digo, que un traje ponía que costaba 740 pesetas y un abrigo 825, más de lo que le quedaba; y una radio 3.605 pesetas, toda la vida pagando. Aunque podía tener criada, eso sí; que el 30 decía que una criada gana, mensualmente, 150 pesetas; más barato que unos zapatos.

Lo que pasa es que no habíamos llegado al 203; que decidí que, todavía menos aún que funcionario, querría ser jornalero; aunque lo mismo es que el libro estaba equivocado:

203.   Un jornalero ganó 48 pesetas en cada una de las cuatro semanas de febrero. Habiendo gastado durante el mes 168 pesetas. ¿Cuántas le quedaron de lo gastado?

Yo pensé que era una errata, porque me salía que ganaba 7 pesetas diarias, que ese cálculo no había que hacerlo pero yo lo hice. Y 7 pesetas era lo que costaba 1 kilo de alubias o de arroz. Y encima le sobraba dinero al tío, que lo mismo no sabía en qué invertirlo.

En comparación, la familia del problema 29 escupía por un colmillo. Eso, si no eran muchos, que no lo ponía:

29.   En una casa, los ingresos diarios son de 38 pesetas. ¿Cuánto podrán gastar cada día si a fin de mes quieren comprar con los ahorros un trajecito de 250 pesetas para uno de los hijos?

RESTA
¿Cuánto sobra del billete?

Por 25 pesetas te puedes poner hecho un cromo: tu corbata, tus alpargatas...

El maestro nos dijo que el ahorro era una virtud y que hiciéramos para mañana el 39 y el 60. Y también nos puso una redacción, que teníamos que comentar y comparar tan diferentes comportamientos:

39. Un hombre bebe cada día un aperitivo que le cuesta 3,75 pesetas. Los domingos toma dos. ¿Cuánto gastará así, inútilmente, al año? Y si economizara esta suma durante 30 años, el capital así reunido ¿cuánto le produciría prestado al 5 por 100?

60. En una caja de ahorros y para su hijito, un trabajador ha resuelto depositar la mitad de las 2 pesetas que en fumar gasta semanalmente. ¿Qué cantidad habrá ahorrado al cabo de 20 años?

Los problemas los hice bien, pero en la redacción me debí de equivocar porque el maestro se enfadó conmigo y me dijo que no podía hacer carrera de mí, y que de dónde sacaba esas ideas tan peregrinas. Pero no me dijo lo que estaba mal, si eran las faltas o qué.

El caso es que tuvimos que aguantar otra vez al pelma del Palacios, un niño con las rodillas limpias y los calcetines subidos, tú verás, que leyó su redacción en voz alta, y decía que el trabajador de la peseta era *probo*.

Pero ¿cómo iba a ser una virtud el ahorrar 1 peseta a la semana? Era una ridiculez que no servía para nada. Cuando el niño tuviera veintitantos años, toma 1.040 pesetas y te compras un piso. Y luego la chufla de la pesetilla en la caja de ahorros, que le dirían al pobre hombre que se pasara por quinquenios, para que abultara.

Y con el aperitivo pasaba lo mismo. «... Vicio inútil que consume y degrada», decía el Palacios, el pulcro ese. ¿Y mi taberna?, ¿de qué iba a vivir yo? Además, peor para el Palacios, que en los aperitivos te ponían aceitunas. ¡Que se enterara el padre, que vivía de los olivos, de que su hijo estaba en contra de los aperitivos!

A mí me parecía que en casa estábamos siempre a la cuarta pregunta, pero en los problemas todo el mundo ahorraba. ¿Cómo puede ser esto?, me preguntaba.

> 15.   (...) ¿Cuánto ahorra cada día?
> 24.   (...) ¿Cuántos duros le sobran anualmente?
> 62.   (...) ¿Qué suma habrá ahorrado al cabo de 3 años?
> 63.   (...) ¿Cuánto importa su ahorro anual?

Hasta que descubrí cómo se hacía, que era de lo más fácil y me extrañó que mi padre no hubiera caído, fíjate, que podíamos tener de todo, incluso nevera con grifillo para el agua del hielo, tan ricamente.

> 159.   Debo 205 pesetas al panadero, 112 al carnicero, 150 al sastre y 320 al casero. ¿Cuánto debo en total?

Pero mi padre me preguntó si ponía también lo que el panadero, el carnicero, el sastre y el casero pensaban hacer con el *jeta* ese. Que pensé yo entonces que más lógico que «¿Cuánto debo?» hu-

biera sido que el individuo preguntara «¿Dónde me escondo?».
Como el del 21, que ya era el colmo:

21.   Cierto individuo debe 450 ptas. al sastre, 70 al zapatero,
1.280 al tendero y 9 al cartero ...

¡Al cartero! ¡le debe hasta al cartero! Lo mismo es que el tío
cobraba los giros por adelantado, que si no se explica...
Alguna vez, alguien se veía en apurillos, eso sí:

3.   Habito un piso hace 9 meses y debo pagar la renta ...

Pues mira, hijo, sí. La verdad es que ya va siendo hora de que
tengas un detalle, no vaya a ser que termines bajo un puente, como
Carpanta.
Pero nada, oye, el personal tranquilo, sin problemas ni preocu-
paciones; que cuando la cosa viene achuchada, pues se quita de
aquí, se pone allí...

110.   Mi amigo Lorenzo me prestó 125 ptas., con lo cual pude
pagar una deuda de 280 ptas. y me sobraron 45 ptas. ¿Cuánto tenía
primero?

Primero, lo que se dice primero, tenía el tío una cara que se
la pisaba. Que con 80 pesetas que hubiera pedido tenía bastante,
y le sacó 9 duros más al amigo. A saber qué le contó; y a saber
lo que pasará cuando el *primo* del Lorenzo le pille tomando aperitivos —tiene para doce— a su costa... Claro, que con pedir en otro
lado:

11.   Para pagar una deuda de 850 pesetas, pido 475 pesetas. Pa-
gada la deuda me sobran 126 pesetas ...

Pues a vivir como un rey, hombre. En plan rumboso y que no
decaiga...

19.   Cierto sujeto dio las propinas siguientes: al cartero, 50 céntimos de peseta; al aguador, 60 céntimos; al peluquero, 25 céntimos; al sereno, 30 céntimos; 75 céntimos al mozo de café y 80 céntimos a la portera ...

Tres pesetas con 40 céntimos se gasta éste nada más que en propinas. La mitad del sueldo de un jornalero. Y eso que al pordiosero, por lo visto, no le dio nada.

38.   Un pordiosero recogió cierto día 0,95 pesetas en metálico, y al siguiente, 0,75 ...

Huelga decir, condicionadas a que no se lo gastara en vino. Pordiosero, pero sobrio. Que Dios no abandona a sus criaturas, mira los lirios del valle, qué tendrá que ver, y a los pobres se los rifaban, y a la menor les caía medio pollo o una pasta gansa, nada más pasar por la puerta de una droguería...

30.   Para solemnizar la apertura de un establecimiento de drogas al por mayor y menor, el dueño acordó distribuir 1,25 kilogramos de arroz y 0,50 kilogramos de carne a cada pobre. Habiendo socorrido a 100 pobres, ¿cuánto gasto de cada cosa?
11.   Un caritativo señor vendió 16 pollos a 38 pesetas cada uno, y el importe lo repartió entre 9 pobres ...
5.   Dando 5 ptas. a cada pobre puedo socorrer a 150 ...

Eso debía de ser lo que llamaban «el plan de los pobres», que cuando hicimos el 36, el de los muchachos que cobraban 4 pesetas por trabajar en la fábrica, le dije al maestro que mejor se metían a pobres, y el jornalero de las 7 pesetas y la familia del trajecito, también. Y el maestro me premió y me dijo que yo no tenía que hacer el 39, ni tampoco el 1105, que no era cuestión de darme ideas; que ni los mirara. Pero yo los miré, por curiosidad, que no los hice...

39.   Se han mezclado 300 kilogramos de nitro con 50 kilogramos de carbón y 50 de azufre, para hacer pólvora de cañón. ¿Cuántos kilogramos de pólvora se han obtenido?
1105.   Se preparó pólvora con 67 % de salitre, y partes iguales de azufre y carbón. ¿Qué tanto por ciento hay de éstos?

Un ¡oolé! sale a cien duros.

Y tenía razón el maestro, que por eso era, que es que estaban equivocados, que había que poner clorato potásico también, que los del barrio se lo poníamos y, dónde iba a parar, la explosión tan tremenda y lo alto que subía el bote.

Descubrí mi auténtica vocación cuando tocó el 23:

23.   Un torero ha cobrado 20.600 duros por torear durante hora y media. Si de ellos ha tenido que pagar 18.000 pesetas a la cuadrilla, ¿cuántas pesetas ha ganado por segundo?

Cobras en duros, pagas en pesetas. ¡Eso es lo mío! Cuando, una noche, en la cena, dije en casa que de mayor iba a ser torero, mis padres comentaron que por fin yo decía cosas normales.

Los apóstoles

—*P*.: ¿Quiénes son *ellos*?

—*R*.: Los apóstoles.

Ellos eran siempre los Apóstoles. Porque te lo podían preguntar salteado; que ahí estaba la cuestión.

—*P*.: ¿Qué es orar?

—*R*.: Orar es levantar el corazón a Dios y pedirle mercedes.

—*P*.: ¿Cómo se vence la *Carne*?

—*R*.: Con asperezas y ayunos.

—*P*.: ¿Quiénes son *ellos*?

Nosotros nunca éramos más de siete u ocho. Permanecíamos de pie, junto a la pared, y don Simón se paseaba por delante nuestro. A lo mejor estaba en silencio un rato ¿no? y, de pronto, señalaba a uno y le espetaba, por ejemplo:

—*P*.: Decid, niño, ¿cómo os llamáis?

Y el señalado, rápido como el rayo, tenía que contestar:

—*R*.: Responda su nombre: Pedro, Juan, Francisco, etcétera.

Pero don Simón no nos trataba de *os*. Eso era el catecismo.[4] Don Simón nos trataba de tú y a guantazos. Nosotros a él, de «Sí, padre»: «*R*.: Sí, padre, perpetuamente», «*R*.: Sí, padre; pero convínonos...». Aunque no era cura, ¿eh?

Le temíamos a la clase de catecismo más que a una vara verde. Menos Fernandito y Torrecillas, raro era el que no salía con la cara caliente. Es que no podía ser de otra manera, porque, a ver: Dios es nuestro Padre, que está en el Cielo, ¿no? Y estaba bien; lo decías, y te librabas. Pero después don Simón te preguntaba: «¿Dónde está Dios nuestro Padre?» y tú: «Pues, en el Cielo». Y ¡plas! tortazo. Que ya no estaba allí, hombre; que ahora era «En todo lugar, por esencia, presencia y potencia», fíjate. Y, de nuevo: «¿Por qué decís que está en los cielos?» y tú: «No, si ya no lo digo; es que me he equivocado» y ¡plas!, otra vez, que había vuelto: «Porque en ellos se manifiesta más particularmente su gloria», aclaraba Fernandito.

Como en los dioses, que no me lo había estudiado, pero que lo saqué por matemáticas:

—*P*.: ¿El Padre es Dios? —le preguntaron a Fernandito, que seguro sabía del padre de quién hablaban...

—*R*.: Sí, padre; el Padre es Dios —para mí, primera noticia.

—*P*.: ¿El Hijo es Dios? —ésta era para Torrecillas.

—*R*.: Sí, padre; el Hijo es Dios.

—*P*.: ¿El Espíritu Santo es Dios?

—*R*.: Sí, padre; el Espíritu Santo es Dios —respondió el Ruiz, que ya le había cogido el truco a aquello.

—*P*.: ¿Son, por ventura, tres dioses?

—Tres, exactamente —respondí yo, que había llevado la cuenta. ¡Y me dio una torta!

Luego resultó que no eran dioses, que eran personas. Y a mí aquello me pareció un misterio. Que había que verlo, que una era un triángulo con un ojo y otra una paloma, no recuerdo si con olivillo o sin olivillo. De la otra, ni te cuento; que en mi enciclopedia unas veces tenía forma de corazón y otras de corderillo; según le pillara el cuerpo, seguramente. Pero, yo, callado. ¡Tú verás!

A la paloma la llamaban *Espíritu Santo*, y por su culpa Félix no podía ir a mear. Es que cuando nos confirmaron, cerraron por dentro las puertas de la iglesia, para que la paloma no se marchara, y nos tuvieron allí tres o cuatro horas. A Félix le entraron ganas de orinar y el cura le dijo que se esperara... Total, que se meó encima. Le castigaron a que nunca más fuera a orinar durante las horas de clase. Y eso le pasó por preguntar, que podía haberse metido en un confesionario, como hicieron otros.

—*P*.: ¿Veis vos que sea Dios trino y uno, o cómo es Cristo Dios y hombre?

—*R*.: No; pero créolo más que si lo viese.

Después de contemplar el guantazo que me había llevado, el Sánchez Peinado creía ya hasta en que las vacas volaran, si menester fuera.

Lo del trino venía luego explicado en un dibujo en el libro, y lo comprendías claramente; lo de las personas que son dioses pero no son tres, y una es un borrego. Que si yo lo hubiese visto antes no me llevo el bofetón que me llevé, que se me quedaron los dedos

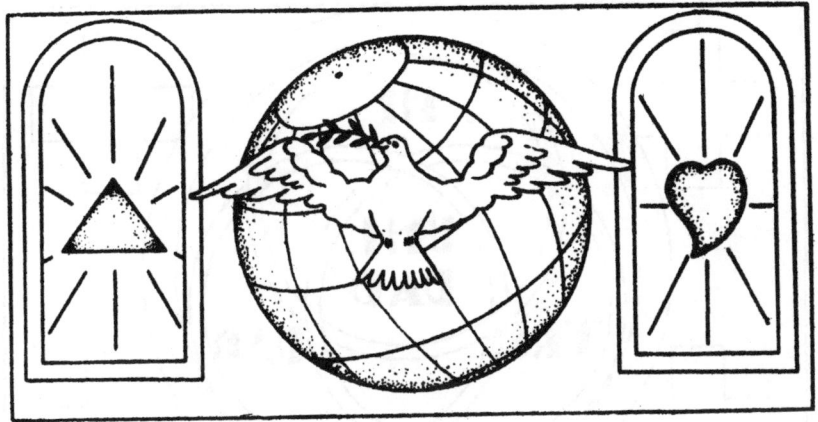

Las tres personas, no digo más.

La paloma, pelechando.

de don Simón marcados, que me lo dijo el Ruiz, poco antes de que le dieran otro a él.

Daba igual que te lo estudiaras... ¡Anda que no lo repasábamos veces!:

Así, claro.

—¿Cuántas naturalezas hay en Cristo? —nos preguntaba el Sánchez Peinado al Ruiz y a mí.

—Sí, padre, perpetuamente —contestaba yo con seguridad.

—Que no, que esa es la anterior...

—Una y divina —soltaba el Ruiz, yo creo que por no callar.

—Esas son las personas —corregía el Sánchez Peinado.

—Las personas son tres —replicaba yo, que recordaba la bofetada.

—Divina y humana; divina y humana. Que lo dice aquí. Y... ¿cuántos entendimientos?

—Los entendimientos son dos: divino y humano —se apresuraba el Ruiz.

—¡Muy bien! ¿Cuántas memorias?

—Pues dos, también —contestaba yo, ufano—. Divina y humana.

—Pues una, que te enteres, «porque en cuanto Dios todo lo tiene presente».

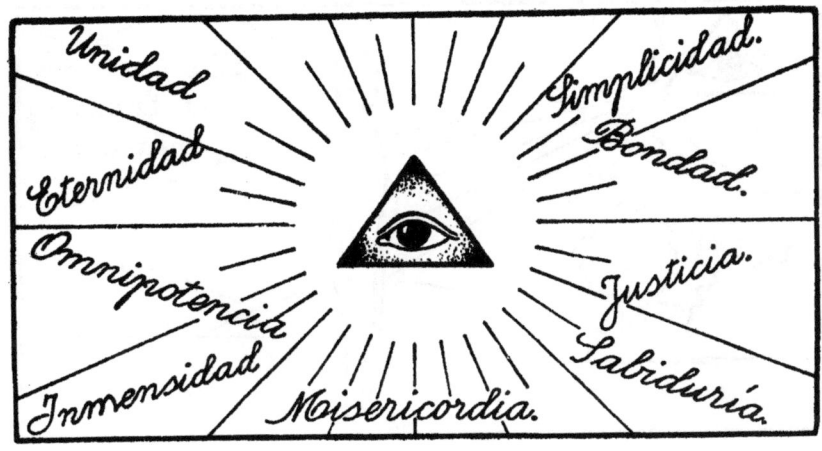

Dios, tal cual.

—¿Cómo va a tener una memoria si tiene dos entendimientos? ¿Estás tonto? No ves que se entiende con la cabeza... Y si tiene dos cabezas, pues dos memorias...

—¡Pero cómo va a tener dos cabezas!

—¡Porque tiene dos naturalezas!, que lo ha dicho éste...

Y todo era por el estilo de complicado; y yo, pues sopapo va, sopapo viene. Que las virtudes cardinales eran cuatro, pero también doce o trece: «El hombre *prudente* es diligente, discreto y previsor». El hombre *fuerte* es «cumplidor de sus deberes», pero no debe ser muy laborioso, porque eso viene en el *justo*; y el catalán y el asturiano, creo que también, que lo dimos en geografía. El de buenos modales es el *templado,* que es también sobrio él. Y así. El ladrón de bancos y sociedades debe hacerlo de 99 pesetas por vez, pues en pasando de 100 es pecado grave. Si roba a una persona, el ladrón tiene que preguntar primero que cuánto suele gastar en un día, ya que salir pitando con una cantidad igual o superior a esa es también pecado grave contra los bienes externos.

El Ruiz, el pobre, era medio sordo de un oído. Unas anginas mal curadas, decía. Y casi pierde el otro de una torta; por sordo,

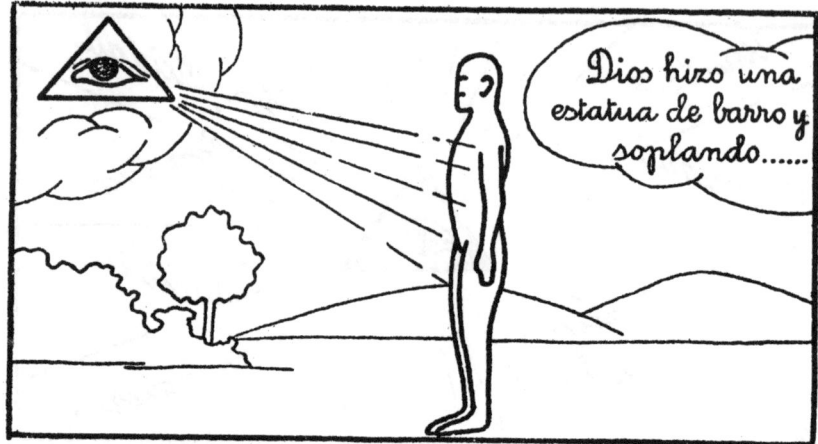

Dios soplando por un ángulo.

Dios preguntando por preguntar.

mira tú. Es que entendió mal a don Simón, que nos estaba leyendo las Obras de Misericordia y luego repetíamos una cada uno ¿no? Y cuando le tocó a él:

—La quinta, Ruiz.

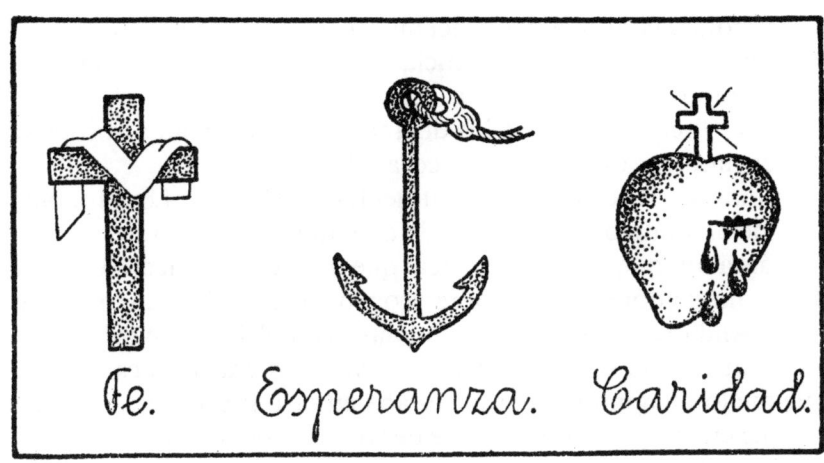

Fe. Esperanza. Caridad.

Lo otro tiene un pase, pero a lo del ancla no le pillo yo la idea.

—La quinta, dar por saco al peregrino.

Fue una torta tremenda, que el Ruiz no se la esperaba. Se creía que lo había dicho bien, y nos miraba sorprendido. Y nosotros a él, que le corría sangre por la oreja y no se había dado cuenta.

Carlos y yo le acompañamos al patio para que se lavara y don Simón vino después y le puso un algodón.

—¿Te duele?

—¿Cómo dice?

—¡Que si te duele!

—Ah, no.

El amor a Dios debe ser perfecto, de predilección y práctico.

Unos días después, a Fernandito le hicieron una pregunta muy difícil, sobre cuánto Dios tiene revelado a su Iglesia, que tiene que ser bastante, ¿no? Pero en vez de soltar una retahíla de cosas raras, va el tío y contesta:

—R.: Eso no me lo preguntéis a mí, que soy ignorante; doctores tiene la Santa Madre Iglesia que lo sabrán responder.

Tengo yo para mí que todos esperábamos entonces que Fernandito rebotara contra la pared del mismo guantazo que se había ganado con semejante impertinencia. Pero no. Es increíble, pero no. Don Simón va y me le dice a Fernandito:

—*R*.: Bien decís: que a los doctores conviene, y no a vosotros, dar cuenta por extenso de las cosas de la fe.

¡Toma ya, la fórmula! ¿Los afluentes del Duero? ¿Los pronombres demostrativos? ¿La suma de quebrados?: eso no me lo preguntéis a mí, que no tengo ni idea; que os lo diga el médico... Bien dicho, niño adorable; salid al recreo y oreaos... ¡No te digo lo que hay! ¡Anda que no nos duró la guasa con el Fernandito!

El que debía ser un número en *catecismo* era Briones. Que es que me lo imagino yo, porque estaba en otro grupo. Pero lo digo porque era muy bruto y en clase decía unas cosas... Dando Historia Sagrada, que le tocaron nuestros primeros padres, decía que Dios advirtió a Adán: «¡Que no te comas la pera..., que no te comas la pera...!». Y cuando dimos el sacrificio de Isaac, un ángel detuvo el brazo de Abraham diciéndole: «*¡Tate quietoparao, mushasho!*».

¡Tate quietoparao, mushasho!

Los sábados por la mañana lo pasábamos estupendamente. Es que venía al colegio un sacerdote que nos leía unas historias preciosas que sacaba de un libro que se llamaba *A los niños Pláticas y Ejemplos.*[5] Que yo no sabía lo que eran pláticas, pero me enteré enseguida; que era cómo los curas llamaban a los capones; en latín, seguramente.

Se llamaba Don Secundino y era el mismo que predicaba en misa de una, los domingos:

—¡Eeeesas muuujeeeres! ¡Eeesas muujeeeres! ¡Que FUMAN! ¡Que se atreven a llevar PANTALONES!... ¡MARIMACHOS! ¡Eso es lo que sois! Unas MA-RI-MA-CHOS!... ¡Eeesas muujeeeres! ¡Eeesas muujeeeres, que os atrevéis a profanar este sagrado recinto! ¡Sin VELO!... ¡Eeeesas muujeeeres! ¡Eeeesas muujeeeres, a las que os falta tiempo para quitaros la rebeca nada más salir de aquí! Dejando los brazos... ¡AL AIRE! ¡IM-PU-DI-CIA! ¡Eso es pe-ca-do de im-pu-di-cia!... Y luego: «Padre he pecado...», muy compungidas, muy así. ¿Y ya está, no? Suficiente, ¿no? ¡Que os lo creéis vosotras! ¡Que OS LO CREÉIS vosotras! Vais listas! ¡Ya vendréis, ya!

Y yo fui, y se lo dije:

—Usted predica en San Francisco ¿verdad?

—Pues sí, hijo. ¿Es que oyes la Santa Misa allí?

—Todos los domingos, con mis padres.

—Muy bien, hijo, muy bien. Así me gusta. Vamos a ver niños...

—Pero yo nunca le he visto...

—¿A quién no has visto nunca, hijo? ¿A Dios Nuestro Señor? Dios Nuestro Señor es un ser infini...

—No, a usted. Bueno, a Dios tampoco. Como siempre hay tanta gente...

—Y, si no me has visto nunca, ¿cómo me has reconocido?

—Por la voz aguardentosa.

Fue entonces cuando se vino para mí y, sin mediar palabra, me dio una plática en toda la coronilla. Luego, me agarró de una patilla y me levantó casi en vilo, mientras me explicaba:

—Aguardentosa viene de aguardiente, y yo no bebo aguardiente, ¿te enteras? Yo tengo la voz ron-ca.

Yo creo que daba lo mismo que fuera de ron o de aguardiente; ya ves tú, qué plática tan tonta me gané. Y mientras yo me acariciaba la patilla, que me escocía una barbaridad, él abrió el libro y comenzó a leer el primer ejemplo:

> ¡Cuántas veces, queridos niños, vemos a la muerte descargar su terrible guadaña sobre niños que jugaban alegres, sobre jóvenes que soñaban, sobre muchachas que sólo pensaban en vanidades y diversiones ...![6]
> Meriendan alegres, es decir, juegan, se divierten, pero de repente, la muerte se arroja sobre ellos y los mata bajo las ruedas de un auto, entre las olas de un naufragio, en el silencio de la noche con ataque repentino al corazón, en medio del estrépito de un choque de tren ...[7]

Lo del naufragio no lo veía yo muy claro, que ni río teníamos en el pueblo. Además, merendando... ¿Cómo ibas a naufragar merendando? O meriendas, o naufragas, ¿no? Claro que a lo mejor es que era una parábola, como la del Hijo Pródigo, que el Briones decía «el niño prodigio»...

> ... allí en aquel barranco, entre los coches destrozados yacían sepultados y convertidos en una masa informe de barro, carne y sangre los cadáveres de las dos muchachas ...[8]

Yo me había perdido, y no sabía de qué habían muerto las pobres; pero el Ruiz me lo explicó cuando salimos. Es que, por lo visto, las había matado la justicia divina. Por lanzarse al mundo, ya ves; que era como un absorbente remolino que arrastraba a fiestas y diversiones. Y, claro, cayeron en las garras del vicio y no pensaban más que en cines, teatros y bailes. Y como al vicio se iba en tren...

Pero tampoco hacía falta que te montaras. Con estar cerca...

> Allí, sobre la vía, al lado de los raíles estaba el cadáver de un niño de unos cuatro años ... Estaba del todo desnudito. Hasta los calcetines le había arrancado el aire comprimido ... No tenía cabeza ... La buscamos y la hallamos al fin. Iba en la rueda de la máquina ...[9]

Ángel de la Guarda de cortas, pero que de muy cortas luces.

Como mínimo, como mínimo, el niño debía haber escupido a su madre; que el cura no nos dijo lo que había hecho, pero era de imaginar algo así, ¿no? Para que se quedara descabezado... Y yo pensé que la moraleja era que no teníamos que cruzar las vías del tren. Pero no; teníamos que pensar en el ferrocarril de la muerte y que la justicia de Dios era el maquinista. O sea, una parábola.

Con lo cual, que yo lo pensé y desde entonces me daba una angustia muy grande subir a un tren. Y tampoco podía mirar por la ventanilla, no fuera que apareciese una calavera. Como en el ejemplo que nos contó Don Secundino, que unos estudiantes asomaron una calavera por la ventanilla y una señora se murió y otra se volvió loca.

Otra historia que también nos gustó mucho fue una que se titulaba *El huerfanito quiere ver el cadáver de su madre.*

Era un niño que se lo llevaban a casa de una vecina porque su madre estaba tísica y vomitaba sangre...

Pocos días después, el niño estaba jugando, y aquella señora en cuya casa estaba recogido lo llamó y enjugándose unas lágrimas que corrían de sus ojos, le quitó un delantal blanco que llevaba, y le puso otro negro.[10]

Así debió pasar también con el nuevo, que no me acuerdo cómo se llamaba. Que iba todo de negro; pero todo, y los calcetines y la camisa, que le asomaban los puños y el cuello; y eran negros. Pero yo no me atreví a preguntarle si él también había mirado por la cerradura, como el del ejemplo:

> En el suelo había un paño negro con seis velas grandes que ardían ... En medio un ataúd ... ¡Dentro del ataúd estaba su madre del alma![11]

Y no se terminaba ahí, que luego ponía que las campanas tocaban a muerto; y a mí me parecía que el nuevo se había puesto malo. Y el huerfanito llegaba corriendo a la iglesia, gritando. Y gritando y llorando se levantó de pronto el nuevo y salió corriendo Que no nos enteramos de cómo terminaba y no pudimos extraer la moraleja, porque Don Secundino nos mandó a todos a casa.

También nos contaba Don Secundino historias de niños que ardían vivos. Y muertos también ardían.

La de *Las dos hermanitas ardieron vivas* era de una señora que se iba al campo, que eran pobres, y las dos niñas se quedaban solas, ¿no?, junto al hogar...

> Pero resbaló la pobrecita y cayó en medio de las llamas. Prendió el fuego en sus vestidos, y en pocos momentos quedó envuelta en una grande llamarada. Ardía como arde la mecha en un candil. Lanzaba gritos desgarradores ... Llegó la hermanita, se abalanzó sobre ella para socorrerla, y las llamas crueles prendieron también en sus ropitas. Y ardían las dos hermanitas ...[12]

Cuando volvía la madre, pues le daba un ataque al corazón, lógicamente. Y se moría días después, con los ojos muy abiertos, como de terror. Y Don Secundino decía que es que veía a sus hijas ardiendo. Pero de ésta no recuerdo yo qué habíamos de retener.

Otro que ardía era uno que se llamaba Ramón, que se acostó

sin rezar, como un animal inmundo, y se murió por la noche. Y se apareció a su amigo Bernardo. Se me olvidaba decir que eran unos jóvenes disolutos y mataban a disgustos a sus padres. Le dio un susto muy grande:

> Estaba todo rodeado de llamas. Su mismo cuerpo parecía todo él una candente ascua. Sus ojos brillaban, como dos focos siniestros de luz, y a través de su carne se adivinaba el fuego que debía estar devorando sus entrañas.[13]

Del mismo susto, Bernardo abandonó el mundo, se hizo misionero y le mataron los infieles. Pero el Ruiz me dijo por lo bajo que si yo me aparecía en ese plan, él se haría guardia civil. Y que yo no me tenía que aparecer, que a él le daba igual y que tampoco éramos tan amigos. Una tontería, que se daba mucha importancia el Ruiz, que no estaba en mi lista, que primero me aparecería al maestro, y luego, al municipal que me rajó la pelota por dejar sin luz al barrio, y a... Y ahí me dio una plática Don Secundino, por estar en las batuecas. Pero entonces yo le puse el primero en la lista. Y una sonrisa burlona y soez, como la de un viejo incrédulo, flotó sobre mis labios infantiles. Igual, igual, que en la historia del *impío precoz* que nos había contado. ¡Toma!

Un sábado sí y otro también, los niños seguían arde que te arde; como teas:

> Y el fuego avanzaba. Empezaron a arder vivos algunos niños. Daban unos aullidos espantosos ... Llamaban los pobrecitos a su madre, a su padre ... ¡Y no los podían socorrer! ... Y las llamas se cebaban implacables en sus carnes blandas. Y el fuego avanzaba ... Llegó a la puerta donde estaban amontonados multitud de chiquillos y chiquillas, y aquella masa de carne humana empezó a arder ...[14]

Es que estaban en el cine y había ardido la película, debido a que era domingo o festivo. Vamos, yo creo que era por eso:

> Niños que juegan, que saltan, que ríen, que bailan, que corren a cines o romerías. ¡Son unos cuerpos llenos de vida, que llevan

Niños ardiendo por diversas razones.

al hombro el ataúd, donde va un alma muerta por el pecado de la profanación de los días santos.[15]

Aunque los jueves no cargabas con el ataúd, tampoco era muy seguro ir al cine; ni siquiera a la sesión infantil. Por lo del sello, claro:

Los niños de hoy no tienen ante sus ojos más que las películas fantásticas, detectivescas y muchas veces obscenas de los cines ... que dejan en el alma un sello de ligereza y curiosidad malsana.[16]

Si en la película, es un suponer, se besaban y no ardía el cine, entonces te tenías que sacar un ojo a la salida; que un niño de mi calle, el Resina, fue con sus padres a ver una de Sarita Montiel y no se lo sacó, el ojo, pero se enteró una monja de su colegio y le pusieron de rodillas todo el recreo, con una lengua roja atada a la cara colgándole; pero no se tuvo que quedar tuerto.

A las películas policíacas tampoco debíamos ir, que decía Don Secundino que de ellas sacábamos los niños la afición por robar y luego formábamos bandas infantiles de ladronzuelos, que él sabía de niños que robaban en las casas de los amigos a las que iban invitados, y de mayores se llegaba a vender los cubiertos de plata de la propia familia. Y nos puso el ejemplo de san Agustín, que no sé qué película vio, que no nos lo dijo, pero que robó unas peras a la salida, que lo cuenta en un libro que escribió, y le daba mucha satisfacción imaginarse la rabia del dueño, que se veía que de chico san Agustín era un *robaperas saltabalates* de mucho cuidado. Y como te digo las policíacas, te digo las de guerra; que ahí teníamos a los niños alemanes, que alcanzaron el espíritu guerrero desde sus primeros años.

Además, que en el cine te puedes pillar cualquier cosa, microbios mayormente, como el de la tuberculosis. Y eso es por las exudaciones de la gente, ¿no?, que la sangre infantil pierde valor con el aire del cine. Y están los ojos, que se desorbitan, y te tienen que poner gafas, que anda que no tiene que haber visto películas el zapatero de mi calle, que las tiene como culos de vaso...[17]

Y tres cuartos de lo mismo con los tebeos, que era de los tebeos de lo que hablaba Don Secundino cuando decía «estampas

San Agustín a la salida del cine, cuando era perverso.

y caricaturas de periódicos infantiles». Pues los tebeos también te podían dejar un sello malsano. Y entonces, lo mismo estabas leyendo el *Pumby* o el *Jaimito* tan tranquilo y te ardía el cuarto de estar. Así que, puestos a mirar, lo mejor era mirar un cuadro que representara las llamas del infierno en medio de las cuales se retorcían los desventurados. San Juan Crisóstomo tenía uno así sobre la cama y, a fuerza de mirarlo, fue perseguido, encarcelado, desterrado y calumniado. A lo mejor, también lo torturaron y lo despedazaron y lo que pasaba era que Don Secundino no nos lo contó para no asustarnos. Que él no quería asustarnos, que nos lo dijo, que no pretendía nada más que:

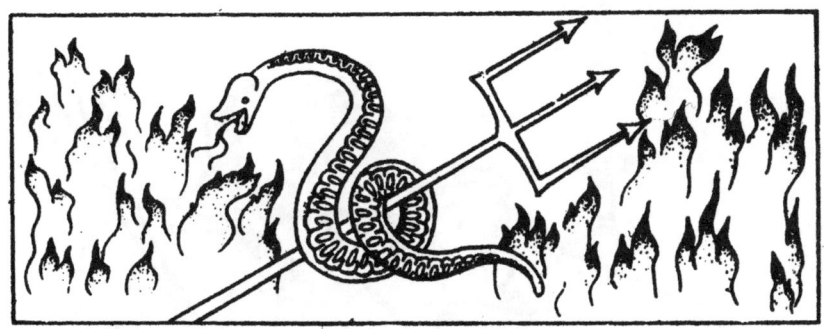

El infierno de mi enciclopedia.

... llevaros con el espíritu a las puertas del infierno, abrirlas de par en par para que veáis aquellos remolinos de llamas, atizadas por el huracán de la divina justicia, y señalaros allí, en medio de aquellos fuegos y de aquellos demonios y de aquellas sombras horribles y aterradoras, el lugar en que será sepultada vuestra alma, si morís en pecado mortal.[18]

Y, como no era más que eso lo que pretendía, pues no nos asustábamos. Por lo menos el Ruiz, el Carlos y yo. Del Sánchez Peinado no estábamos tan ciertos: se ponía muy raro durante los ejemplos, como pasmado. Algunas veces, aguardaba a que saliéramos todos y se quedaba hablando mucho rato con Don Secundino. Y luego salían y le besaba la mano. Pero seguía muy raro; no quería contarnos nada y decía que se tenía que marchar. ¡Encima de que le habíamos esperado! ¡Qué cara!, ¿no?

Después de contarnos los ejemplos, Don Secundino nos hacía preguntas, que ahí le temía yo, que era cuando caían las pláticas. Y una que me dio fue por condenar a un niño de un ejemplo al fuego eterno, por mentiroso. Y resulta que el niño se salvaba, que no era una mentira sino una *restricción mental*. Y me llamó *cachocarne*. Pero el Carlos dijo que no era por eso, que es que un niño no se podía condenar al infierno, que se lo habían dicho a él.

Me creía yo que el Carlos se había ganado una plática; pero

¡Anda que no puede condenarse!

no: Don Secundino se quitó las gafas, puso su cara entre las manos y estuvo así un rato. Luego nos miró, y dijo:

—Niego. Niego rotunda y categóricamente que un niño no pueda condenarse. Si en materia grave quebranta los mandatos divinos, se condena.

Y dio la clase por terminada.

El sábado siguiente, Don Secundino nos dijo que había encontrado una lectura que disiparía nuestras dudas para siempre:

Niño en el infierno, con la cadena.

Pero, no es una niña, no es un niño ... son millones y millones de niños. Todos se alzan sobre sus sepulcros de candentes brasas, y agitan sus brazos rojos, y abren sus labios por los cuales salen bocanadas de llamas, y os gritan: Hemos pecado ... hemos ofendido a Dios ...[19]

Ahí se vio que Don Secundino no bromeaba, ¿eh? Pero ni un pelo: que bien claro lo ponía el libro. Si tenías la suerte de morirte de pequeñín, en la cuna, los angelitos en sus alas te llevaban al cielo; pero en cuanto dejabas de mamar...

Por entonces, el Sánchez Peinado parecía bastante enfermo. Se había quedado muy delgado y estaba pálido y con ojeras. De aquella semana, sólo vino el sábado. Luego nos contó que le daban fiebres por la noche y que vomitaba casi todo lo que comía.

Una tarde que estábamos jugando en la calle, empezó a pasar gente que iba muy deprisa, muy deprisa. Algunos, incluso, corrían. Todos tenían cara de preocupación y como de susto. «¡Ha sido un niño!» «¡Un chiquillo!», se decían unos a otros. Y les seguimos.

Dos calles más arriba, a la entrada del Paseo, se arremolinaban los que iban llegando. Luego, más cerca, vimos que había niños, y que muchos lloraban. También algunas personas mayores lloraban. Y estaba la policía, y mucha gente asomada a los balcones. Por el suelo, ramas y maderas humeantes.

Jugando a saltar una hoguera, a un niño se le había prendido la ropa. Decían que corría gritando y que no podían alcanzarle; y que un muchacho consiguió al fin empujarle y se le echó encima. A los dos los habían llevado al hospital.

Pasamos allí mucho rato; como que se nos hizo de noche y a mí me regañaron luego. Pero volvió el muchacho, que no pudimos verle del lío que se armó, y luego se fue, rodeado de gente. Y nos contaron que llevaba las manos vendadas y que el niño tenía quemaduras graves en el culo y en las piernas.

Yo lo conté en casa, con pelos y señales, y espanté a mis padres. Y me dijeron que ya sabían ellos que yo no hacía esas cosas; pero que ya veía. Y no me pareció el momento de comentar lo del cohete que habíamos hecho y de dónde sacábamos la pólvora.

Los de mi calle no iban al mismo colegio que yo, y durante días hablaron del accidente.

Sí, sí *accidente*. ¡Qué sabrían ellos!

Unos días después, cuando me salía a merendar, una señora me preguntó en la puerta que si yo era yo y que si estaba mi madre en casa. Bueno, pues al día siguiente, la misma señora apareció con Sánchez Peinado y le dijo a Don Secundino que si podía hablar con él. Don Secundino nos dijo que volvía enseguida, que no armáramos jaleo, y que Torrecillas apuntara en la pizarra el nombre del que hablara. Y Torrecillas fue y me apuntó a mí el primero por hacer el mono. Yo le dije a Torrecillas, de buenas maneras, que hacer el mono no era hablar, y que Domínguez tenía un lápiz colgando de la nariz y otro que le salía del oído y que mira como a él no lo apuntaba. Y apuntó a Domínguez. Domínguez dijo entonces que me iba a matar a la salida, pero el Ruiz le dijo que habría que verlo eso. Al Ruiz también lo apuntaron.

Cuando entró Don Secundino, casi no quedaba nadie sin apuntar. El Ruiz y el Torrecillas forcejeaban en la pizarra por el borrador y había mucho follón.

—Sánchez Peinado, tu madre te está esperando.

El Sánchez Peinado nos dirigió una sonrisa muy triste y se marchó. Luego hubo reparto general de capones, digo de pláticas.

—Con un niño malo se puede razonar; se le puede hacer ver lo impropio de su conducta, el daño que causa a sus semejantes, el dolor de sus padres... Pero la conciencia escrupulosa... ¡ay del niño aprisionado por una conciencia escrupulosa!

...Y por la errónea, y por la cierta, y por la perpleja... Eso lo habíamos dado en la ocho de *Religión y Moral,* y era un follón espantoso. No se aclaraba ni el maestro; no te digo más. Que nos puso un problema y luego él tampoco sabía resolverlo, y a Fernandito y a Torrecillas les daba distinto...

> 3.º Una persona muy cristiana entra en la iglesia y se dispone a comulgar, pero, de pronto, se da cuenta de que, por distracción, no tomó agua bendita al entrar. ¿Puede comulgar? Caso de no hacerlo por temor a cometer un sacrilegio, ¿qué clase de conciencia crees que tiene?[20]

Yo puse que tenía mala conciencia, y me llevé un palmetazo. A los demás les salía distinto, uno que errónea, otro que dudosa, otro que escrupulosa... Yo tenía conciencia perpleja, que era el único que había cobrado, junto con Briones, claro, que había puesto: «Si no ha desayunado, sí. Y puede beber toda el agua que quiera». Que parecíamos pareja artística, yo y el Briones, que cobrábamos a dúo. Él, porque era más bruto que un arado de vertedera, y yo porque me tenían enfilado:

—Si un niño bueno se junta siempre con otro malo, ¿qué es probable que le suceda al niño bueno?[21]

—Que le peguen y se manche las rodillas; que le quiten los cromos; que lo escalabren; que se espabile...

En gracia de Dios
(Sin pecado)

En poder de Satanás
(Ha pecado)

A los niños en pecado se les distingue porque no se peinan y llevan la ropa arrugada.

—Si tu hermano te pegara y luego te pidiera perdón, ¿qué harías?[22]

—Darle una paliza y perdonarlo.

—Yendo de paseo, Enrique se propone saltar una pared; pero cae y se fractura un brazo. Entonces grita y vocea. ¿Hace bien? ¿Por qué?[23]

—Hace estupendamente. Porque se ha roto el brazo.

Bueno, pues ni una; no acerté ni una. Por lo visto, si te rompes un brazo debes cantar alegremente: Me he ro-to un bra-zo, mi-re us-ted que bien que a-le-grí-a ten-go, me due-le un mon-tón.

El caso es que si una persona cree que un acto es pecado y otra cree que no, peca la que juzga bien, ¡toma ya! Y si tienes la conciencia *dudosa,* no estás obligado. Pero si es *perpleja,* no es *dudosa,* aunque son iguales. Ahora bien, lo que hay que hacer es enderezarla, a la conciencia.

La conciencia es a la vez testigo, fiscal y juez.

Creo que a partir de aquel sábado, no dimos más historias de niños ardientes. Pero hubo otras, muchas más, también muy emocionantes. Estaba, por ejemplo, *Muerte de un malvado*, que los perros desenterraban el cadáver y se lo comían porque se había mofado de los divinos mandamientos. «¿Queréis vosotros morir así?», nos preguntó Don Secundino; y nosotros le dijimos que no. Y se moría, también, uno que se llamaba Balzac, que escribía ríos de lodo que salpicaban corazones. Y en *Enterrado vivo*, pasaba como su propio nombre indica. Y otras: *La hallaron muerta por la mañana, Aún vive el asesino de vuestro padre, Desde allí se divisa el cementerio...*

El último sábado que vino, Don Secundino nos contó la historia de un grupo de muchachos...

...y si no quiere convertirse, se le pega con el crucifijo en la cabeza.

¿Soltaba un carretero una blasfemia? Allá al punto iban cuatro garridos mocetones y le decían: Amigo, ni aquí ni en ninguna parte se puede blasfemar. Conque de rodillas y a besar el suelo ... Algunos quisieron resistirse, pero los puños y los brazos de los mozos podían entonces lo que no podían las razones y las buenas palabras.[24]

La lectura ponía además que le restregaban la boca con estiércol, al blasfemo; pero hasta en las asquerosidades te encontrabas con la moraleja, que ni imaginármela: «Los niños buenos, los niños cristianos que comprenden la profanación de los días de fiesta —nos dijo mientras cerraba el libro—, podríais hacer algo semejante...». Y ahí ya sí me preocupé yo, que yo no decía palabras malsonantes, pero la boca del Ruiz parecía una excomunión algunas veces. Y el Ruiz debía pensar lo mismo, que me dijo por lo bajo que no había —picardía muy gorda— para hacerle eso a él, y yo le aseguré que no, que no. Don Secundino se puso entonces de pie, nos soltó ambas pláticas, y prosiguió: «... Si veis que un niño no obedece la voz de las campanas, exhortadle, reprendedle y, si es preciso, cogedle de los brazos y... ¡a misa!».

Eso ya era otra cosa. Que de todas maneras no me veía yo tirando de un chiquillo por las calles cada vez que sonara una campana...

Y eso fue lo último que dijo. Luego, se puso al lado de la puerta y adelantó la mano. Salimos de uno en uno, besándosela.

Y no volvimos a verle.

Pobres probos

Inés era una niña bienhechora, hija única de padres caritativos, que estaba echando a los pajaritos las miguitas de pan que habían caído de la mesa. Era a la sazón un invierno crudo y riguroso, que a saber de dónde salían los pajaritos, y la manita de la niña temblaba de frío.

Viéndola en tal menester, sus padres le preguntaron que por qué lo hacía, que sería para probarla, digo yo; que bien claro estaba que les echaba las miguitas para que se las comieran: no se iban a hacer un nido con ellas, ¿no? Y entonces la niña respondía:

> Como todo está cubierto de nieve y hielo, los pajaritos no pueden encontrar nada y ahora son pobres. Por esto les doy de comer, de la misma manera que los ricos sostienen y alimentan a los pobres.[25]

Ante tan precioso símil, los padres se emocionaban hasta el llanto. Y ponía que nosotros teníamos que escribir en esmerada caligrafía:

El rico es para el pobre el administrador de la Providencia.

Y eso era porque las riquezas son un medio que la Providencia ha puesto en manos de los ricos para que sean útiles a los demás. Por eso es posible que haya hombres ricos «tan buenos como el mejor de los pobres», que lo único que tienen que hacer los ricos es no ser esclavos del dinero y gastarlo:

> Rarísimos son los ricos que no gastan su oro, y gastándolo, cooperan de mil modos al bien público.[26]

La suerte de los pobres es precisamente que haya ricos, ya que

Como todo lo que tengan para comer sean las dichosas miguitas, la llevan clara los pajaritos.

sin ellos se morirían todos. Pero hay pobres de cortas luces que no saben verlo y denuestan. Y la llevan clara los pobres esos, que no aceptan las contrariedades y desgracias que depara la vida como queridas por Dios. Y, además, no le están agradecidos por haberles elegido para el sufrimiento.

En una lectura que se llamaba *Dos clases de limosna* se veía perfectamente cómo se comportaban los pobres estos, que ponía que era muy instructivo observarlos cuando van a recibir la limosna que ciertas familias piadosas y acomodadas de capitales de segundo y tercer orden les dan una o dos veces a la semana:

Menos los gusanitos de las castañas, todos salen favorecidos: los niños harapientos, la castañera...

Empiezan por murmurar, que es una bendición, de todo el mundo; pero especialmente de la familia y criados que los socorren. Refunfuñan, discuten, disputan, se acaloran, riñen, se insultan y mueven a veces algarabía infernal, llenándose unos a otros de improperios.[27]

La culpa de esto la tiene el *socialismo,* que:

Organiza a los pobres para que destruyan a los ricos y combate el amor patrio y el sentimiento religioso.[28]

En una lectura salía una niña que se llamaba Matilde y seguro que era socialista, porque en su alma anidaba la triste condición de pobre disconforme: «pobrísima, holgazana y rencorosa», decía el libro, que era un compendio la chiquilla. En nada se parecía a Ricarda, una niña «rica y aplicada» a quien la maestra encomendó le tomara la lección. Como Matilde no se la sabía, Ricarda se lo tuvo que decir a la maestra y la castigaron. Pero Matilde estaba de suerte y le levantaron el castigo porque vinieron a buscarla, que se moría su hermanito. Que se moría, y que se murió.

Naturalmente, los padres de Ricarda le dieron a su hija un di-

MATILDE LA RENCOROSA

Que a ver cómo entierran ahora al niño.

nero con el encargo de que se lo entregara a Matilde para los gastos del entierro. Pero Matilde, que no lo sabía, le quitó el cabás a Ricarda y se lo tiró al río. Y allá que se perdió el dinero. Con el hermanito de cuerpo presente, a todo esto.[29]

Y es que,

el rencor lleva el castigo en su venganza.

Pero en el libro venía muy claro por qué los socialistas se comportaban así de mal:

> Considera que los que maldicen a los ricos se pondrían de muy buena gana en su lugar si pudieran...

Y eso se veía por sí mismo que sería una tontería, porque para cambiarse...

> ... lo mismo es que se quede rico el que lo es ya.[30]

Que además ya está acostumbrado, y sabe lo que hay que hacer. Que no es nada fácil ser rico, ¿eh?, que más bien es una pejiguera, con la de instrucciones que hay que aprenderse. Que en una lectura, un niño que se llamaba Periquín no se sabía la de *Haz bien sin mirar a quién,* y miraba a quién; y les preguntaba a los pobres que de dónde eran, y si no eran paisanos no les daba nada, que su padre se incomodó. O Fabián, un niño que ignoraba que *el que es pródigo en exceso vive necesitado,* y le dio sus cromos al niño de la portera, y le compró alpargatas a Juanillo; que su padre le tuvo que decir que si no pensaba en sí, viviría después en la miseria. Y estaba también Marta, que teníamos que escribir:

Querré siempre a todos mis inferiores

... y a Marta se le olvidó la frase y acusaba siempre a un zagalote que había entre los criados para que le riñeran, pero el muchacho la salvó de los lobos y ella le pidió perdón, con lágrimas en los ojos.

Pero las instrucciones más complicadas eran las de dar limosna. No veas para aprendérselas:

> Este precepto está regulado por las normas siguientes:
> 1.ª En extrema necesidad del prójimo le hemos de socorrer con los bienes propios aun con los necesarios a nuestro estado y posición social. 2.ª En grave necesidad le hemos de socorrer con los bienes superfluos a nuestra condición. 3.ª En necesidad común peca el que no socorre al prójimo con los bienes que le sobran. 4.ª Sólo los que tienen bienes propios son los obligados a las limosnas.

Que tiene que ser un trabajo eso de medir la superfluosidad de los bienes propios; y luego preguntar al pobre si su necesidad es extrema, grave o común; que lo mismo, en su ignorancia, el pobre no lo sabe. Y el rico allí, de plantón, esperando con la peseta. Un poner: te dice un pobre que tiene hambre, ¿no?, pero ¿es hambre o apetito? ¿Y si es apetito desordenado?, ¿eh? Pues entonces es gula y no se le tiene que dar nada, fíjate la complicación. Que yo creo que lo mejor es seguirlos, a los pobres, que los hay que no dan digno empleo a las monedas recibidas:

> ... pero muchos, la mayor parte quizá, prescindiendo de sus más apremiantes necesidades naturales, las invierten en satisfacer sus vicios. No exagero; hablo con perfecto conocimiento de causa. Pocos segundos después, aquellos ochavos se han convertido en cigarros, vino, aguardiente, azúcar y chocolate.[31]

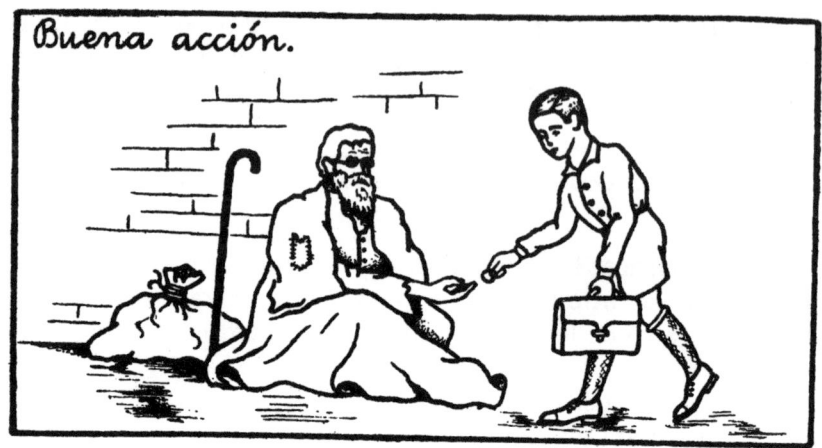

Pobre sin la menor idea de si su necesidad es grave o común. Y, encima, ciego.

Y que se puede olvidar dar limosna por una distracción, y es un problema, que mira lo que le pasó a Tito, el emperador romano, que ponía el libro que por su bondad era llamado *delicias del género humano,* que digo yo que le dirían *el delicias* para abreviar. Bueno, pues a Tito *el delicias* se le olvidó un día hacer obras de caridad y, cuando se dio cuenta, se afligió, que decía que era un día perdido. Y pasó muy mala noche.

Otra cosa que se tienen que aprender los ricos es todo lo del ayuno y abstinencia. De lo más complicado eso, que tienes que tener una báscula para las colaciones, que la de la mañana no puede pasar de 60 gramos y la de la noche de 300, y no pueden ser de huevos o pescados salvo costumbre en contrario, que si están acostumbrados, bueno. Y luego todo el día con el almanaque, que cuando no son las témporas es Cuaresma o Pentecostés; y si juntas los días de ayuno, los de abstinencia y los de las dos cosas, te sale que los ricos casi no comen nunca, mira tú; si acaso, los lunes y martes.

> *Problema de conciencia.* Contestar por escrito al siguiente problema: Una persona se dispone a comer carne en un día de Cuaresma, pero ignora si en dicho día se puede comer tal alimento. ¿Qué debe hacer?[32]

Faltaban datos; como siempre. Yo puse: «¿era pobre o rico?».
Que esa era la cuestión. Porque si era rico, de seguro le llevaba unas
cuantas horas averiguarlo, que mejor regalaba el filete y se toma-
ba una fruta. En cambio, ser pobre es muchísimo más fácil, dónde
va a parar, que no se tienen que aprender nada, que están exentos;
que si ayunan, por ejemplo, es porque quieren, que no están obli-
gados a respetarlo, y pueden comer toda clase de manjares veda-
dos aunque sea Cuaresma. Y lo mismo con la abstinencia de car-
nes, aunque esto sólo pilla a los pobres que sean mendigantes.
Tampoco tienen que dar limosna.

Pero donde mejor se veía la ventaja de ser pobre era en una
lectura que se llamaba *Elogio de la pobreza,* que salía Pasteur, que
su cerebro adquirió la «prodigiosa elasticidad que le permitió pe-
netrar en los secretos de la ciencia» gracias a que era pobre y tenía
que trabajar casi sin medios y en un sitio mezquino; que a buen
seguro, «si al investigador le hubiese rodeado la opulencia científica, los aparatos costosos y las naves amplísimas, sus inventos hu-
biesen quedado inéditos». Eso es lo que hubiera pasado, inéditos;
que a Cajal le dieron el premio Nobel porque se tenía que privar
de cosas esenciales para comprar microscopios y así alcanzó gloria inmarcesible.

> Pocos hombres ricos educados en un ambiente de holgura ma-
> terial descollaron por su inteligencia. En cambio, forman legión los
> que, naciendo en lugar humilde, se destacaron en el campo de la
> ciencia y del arte.[33]

Tenemos que despreciar la holgura cómoda e infecunda, que
cuantos más pobres haya, mejor; que se ve claramente, que lo ponía el libro...

> Salvo excepciones que confirman la regla, los países más prós-
> peros son los más pobres.[34]

Por supuesto que no todos los pobres eran como Matilde; antes al contrario, la mayoría eran ornados por las virtudes de la resignación, la honradez, la laboriosidad, la abnegación y el ayuno.

Juanito dejándose morir. Tiene cara de garbanzo.

Ayunar era lo que mejor se le daba a la familia de Pedro, el labrador, quien trabajaba día y noche sin ganar lo suficiente para proporcionar un pedazo de pan a su numerosa prole. Juanito, el mayor de los hermanos, de apenas siete años, entristecido y agobiado por los padecimientos familiares, decidió fingirse enfermo para justificar una falta de apetito que incrementara la escasa ración de los demás. Y estaba decidido a llegar hasta la muerte: «... un hijo menos contarán mis padres, y, en cambio, yo rogaré a Dios en el cielo que los asista». Que por eso la lectura se llamaba *Amor filial heroico*.

Afortunadamente, el médico que le asistía se enteró de la historia y, altamente conmovido, le dijo al tiempo que se enjugaba una furtiva lágrima:

—No, no, Juanito, no morirás: Dios, que es padre de todas las criaturas, vela por el indigente que padece, trabaja y ora.[35]

Y le dijo que confiara y esperara en el Señor. Y, efectivamente, no tuvo que esperar mucho, que al rato llegó el señor que llevaba las provisiones que enviaba el propio doctor.

El buen hombre se empeña en que no la empeñe.

¡Júzguese el gozo que experimentó aquella tarde la menesterosa familia!

Y lo juzgamos, y tuvo que ser un gozo enorme.

En la misma página venían luego dos refranes: *Quien al pobre da, a Dios presta,* y *Por oír misa y dar cebada, no se pierde la jornada.* Que a este último no le pillaba yo la idea.

Con las niñas estaba la variante de la muñeca, que me acordaba yo de Va-len-ti-na, una niña que salía en mi primera cartilla, que su madre estaba enferma y su hermanito tenía hambre y ella agarraba la muñeca y se la daba a una señora a cambio de pan, que la señora era su salvación; y escribíamos:

Dios no des am pa ra ja más a los bue nos.

Y también otra niña, que no venía el nombre, que era pobre y anónima, que llevó a empeñar su muñeca y el empleado del Monte de Piedad, humedecidos los ojos, dio su muñeca y un duro a la inocente criatura, en cuyo semblante brilló un rayo de inefable alegría; que ya veríamos lo que duraba el duro, que el padre estaba malo y la madre lloraba.

Cuando no había muñeca, la niña pobre agarraba a unos cuantos hermanillos y tiraba para la calle. Enseguida se encontraba a una señora:

—Pues, hija, no traes tú pocos: ¿todos son hermanos tuyos?
—Sí, señora, y cinco más que se han muerto.

Y la señora decía que qué bendición de Dios, no sé si por los muertos o por los supervivientes; y le daba un mendrugo por cada uno, «sin excluir a los niños de pecho». Un espectáculo gratificante y encantador, ponía que era.[36]

También te iba estupendamente si, además de pobre, eras huérfano total. En *Probidad de un niño* eso se veía perfectamente, que el niño probo se acercaba a un rico comerciante, ¿no?

—Dime ¿qué hace tu padre?
—¡Ay! murió hace años, buen señor.
—¿Y tu madre?
—También.
—¿Pues quién cuida de ti?
—Una vecina mía que me da sopa por la noche y un pedazo de pan por la mañana: ella lava la ropa en algunas casas y yo pido limosna.[37]

No hacía falta más: me los lavaban de pies a cabeza, me les compraban un trajecito y me se los llevaban para educarlos, espe-

La bue na hi ja

La ma má de Va len ti na se pu so ma la.
La com pa ñía de la ni ña no la a ban do nó.
Va len ti na a ten día tam bién a su her ma ni to.
Po cos dí as des pués, no ha bía pan en la ca sa.
— No llo res, hi ja mí a; ya me jo ra ré.
— Da me pan; bal bu ce ó, llo ran do su her ma ni to.
Va len ti na co gió su mu ñe ca, y sa lió co rrien do.
Mo men tos des pués, so llo zan do, de cí a a una se ño ra:
—¡To me mi mu ñe ca, se ño ra; dé me pa ra pan!
A que lla se ño ra fué la sal va ción de la fa mi lia.

Dios no des am pa ra ja más a los bue nos.

CONVERSACIÓN.—¿ Qué sucedió a la mamá de Valentina?—¿ Qué hizo esta niña?—¿ Cómo se halló esta familia?—¿ Qué dijo la madre a Valentina al verla llorar?—¿ Qué le pidió su hermano?—¿ Qué resolución tomó Valentina?—¿ Qué resultado dió su resolución?—¿ Qué opináis de Valentina?

Lección 27 — Carácter español

bórrala, bolsa, labio, bola.

La se-ño-ra lle-va un pe-rro col-gan-do del bra-zo. Pu-es va-ya.

Huérfano total, a la espera del rico comerciante.

rando que el día de mañana fueran honrados dependientes en los negocios del benefactor.

Bien es verdad que no era lo mismo encontrarse a un rico comerciante que a un obispo. Que los obispos, darte, lo que se dice darte, ánimo. Pero no te lavaban y te llevaban consigo; ni siquiera de monaguillo. En *El obispo y el huerfanito*, el obispo le preguntaba de sopetón al pobre niño medio catecismo y quedaba muy complacido, el obispo. Que luego me le decía al huerfanito que prosiguiera en la práctica de las virtudes, que alcanzaría la posesión de Dios en una vida sobrenatural y eterna. Y el niño se quedaba confortado; con la misma hambre, pero confortado.

Nada busques con ansia y con anhelo,
sino el camino que conduce al cielo.

Pero el Ruiz decía que eso eran pamplinas, y que estaba hasta las narices de lecturas de pobres, que él sabía mucho de pobres y

Está el chiquillo como para preguntarle que cómo se vence la carne.

que esas cosas no pasaban nunca. Y yo, en materia de pobres, no le iba a discutir al Ruiz, que en su barrio vivía gente en casas de cartón y latas, y llevaban harapos y los niños tenían mucha mugre y, los más pequeños, desnudos. Y no parecía que tuvieran microscopios.

—Es que a los pobres hay que dividirlos —intervino Carlos.

—¿Ves cómo es, que es *mu* bruto, *mu* bruto? ¿Lo ves o no lo ves? —me preguntaba el Ruiz—. ¡Dividir a los pobres! ¿Cómo se divide a un pobre? ¿Lo descuartizas?

—¿Me vas a decir que es lo mismo un pordiosero, que un indigente? ¿Me lo vas a decir?

—En eso tiene razón Carlos —yo, por intervenir: que no tenía ni idea de en qué se diferenciaban, la verdad—, no es lo mismo...

—¡...y un mendigo tampoco, hombre! —continuó Carlos con su clasificación de los pobres—. ¿Y los vagabundos? ¿Dónde dejas a los vagabundos? ¿Vas a comparar a un vagabundo con un menesteroso?

—O con un pobre de solemnidad —amplié yo el cuadro, que a mí me sonaba eso.

—Esos son más parecidos, ¿eh? —matizó el Carlos, que yo hice un gesto como aceptándolo.

—¡Un menesteroso! ¿Pero qué es un menesteroso? ¿De qué estáis hablando? ¿Y dónde se ha visto un pobre solemne? ¿Cómo son los pobres esos? —clamaba el Ruiz.

—Que mi madre es de las damas apostólicas de *nosequé,* que te enteres; que tienen sus propios pobres, y hay una lista, que te enteres. Y les dan ropa vieja y paquetes con comida... Y están *dividíos* y hay muchas clases de pobres, que te enteres...

Pero, para mí, que el Ruiz no se enteraba. Vamos, eso me parecía.

Seselanocaleal

—...y amantes de sus costumbres. Ya está. ¿Lo he dicho bien?

—¿Por qué sufren?

—¿Quiénes?

—Pues los asturianos. Lo acabas de decir: sufridos, sobrios...

—Porque lo pone el libro...

—Pero los gallegos no sufren; y los vascos tampoco. Y todos son de la región septentrional esa.

—Los gallegos son sobrios, laboriosos, pacientes...

—¿Te das cuenta?, pacientes; pero no sufridos.

—...y los vascos, corpulentos, atletas, fuertes... ¿Me sé o no me sé la pregunta?, ¿eh?

—Que sí.

—¡Pues entonces! Además, que ahora te toca a ti: los hombres de la Meseta.

—¿De la Meseta?

—De la Meseta.

—Éstos son... ¿recios como el acento de su jota?

—¿Recios? ¿Los hombres de la Meseta, recios como el acento de su jota?

—¿No son recios? Recios a secas; sin la jota...

—No.

—Pues entonces, religiosos. Eso.

—Tampoco.

—A misa irán, ¿no?

—No te la sabes. Son sencillos, serios... Seselanocaleal. Repítelo tú.

—¿El qué?

—Pues eso: seselanocaleal. A ver, dilo.

—Senoca... ¡yoquesé! ¡Y yo no sé jugar a eso...

—¡Si no es un juego! ¡Si es para que te lo aprendas!

—Pero ¿qué es?, ¿un general cartaginés? ¿Para qué nos vamos a aprender el sacano ese?

—Sacano... ¡SESELANOCALEAL! ¡se-se-la-no-ca-le-al! ¡Que no te enteras, contreras!

—Que sí *m'enterao*, bacalao! Pero que no te enrolles, *charlesboyes*, que para una vez que nos ponemos a estudiar, empiezas a decir unas tontèrías...

—¿Tonterías?

—*Mu* grandes.

—¡Pero si son los hombres de la Meseta!

—¿Quiénes? ¿Dónde?

—Se-ncillos, se-rios, la-boriosos, no-bles, ca-ballerosos... Así de fácil: coges la primera sílaba de cada palabra y ya está: seselanocaneal. Pomanllohan... las Obras de Misericordia: pobres, mansos, lloran... Los gallegos, solapaam; los vascos, coatfuamco; y así.

—Así, lo que es, es un lío. No me aprendo lo de caballerosos, leales y altivos, que no sé quiénes son...

—Los de la Meseta...

—¡...mira por dónde...! y me voy a aprender el solano ese... que te tienes que saber un montón de palabras raras y si te equivocas, la cagas, que no das ni una. Te salen los vascos y piensas: solano... lo que sea, ¿no?, que son los de la Meseta; y dices: los vascos son sencillos, serios... Ni una, que ni son sencillos, ni son serios, ni son laboriosos...

—Pues tú no te los sabes de ninguna manera...

—A mí es que, me pregunten lo que me pregunten, voy a decir un montón de cosas y alguna acertaré: los *nosequienes* son fuertes, sobrios, serios, amantes de su tierra, nobles y laboriosos. Ya está.

—¡Como te caigan los andaluces...!

—¿Qué pasa con los andaluces?

—Los andaluces, demoalim: delgados, morenos, alegres e imaginativos. Y, espera, espera... mira: aficionados a las fiestas camperas, los toros, el baile y cantos típicos.

—¡La virgen! ¿Eso pone? ¿Nada de laboriosos? ¿Ni siquiera amantes de su tierra?

—Ni siquiera...

—¡Jobar!

—... y los valencianos alegres, simpáticos, de temperamento artístico, amantes de la música y de las flores.

Como los andaluces son delgados pueden montar a caballo por parejas.

—De la música y de las flores.

—Y los madrileños son un pueblo simpático cual ninguno; sí.

—(...)

—(...)

—Y... esto... ¿cómo dices que era la palabra esa de antes...?

—Seselanocaleal.

—Seselanocaleal; los de la Meseta, seselanocaleal.

—Y, además, conservan las esencias de los antiguos caballeros de España. No te olvides.[38]

Segunda parte: Al fin jueves. Segunda parte: Al fin jueves. segunda parte: Al fin jueves. Segunda pate: Al fin jueves. Segunda parte: Al fin jueves. Seg~~unda~~ a sido el Carlos parte: Al fin jueves. Segunda parte: al fin jueves. Segunda parte: Al fin jueves. Segunda parte:...etc

La alegría de la radio

En la radio del pueblo, que Palacios le decía *emisora local,* fíjate la finura, daban los jueves por la tarde un programa para los niños que se llamaba *Radio Alegría.* Si querías, podías ir a verlo a la emisora, que tienen allí como un teatrillo. Yo fui un montón de veces y lo pasé un rato bien con tanto jaleo. Decían que era un programa cara al público, pero es mentira, que casi todos éramos niños; y, además, no siempre estábamos de cara, que muchas veces nos volvíamos para ver las peleas. El locutor gritaba mucho y estaba como de los nervios; ¡la de veces que repetía que cómo había que decirnos que no comiéramos pipas! Y un día le dijo al Briones que como bajara él se iba a enterar el niño gordo ese; y el Briones tuvo que dejar de hacer el pino en la butaca.

Los niños que subían al escenario sólo podían decir poesías o cantar. No te dejaban hacer cosas: ni cogerte la oreja pasando el brazo por la espalda, ni andar con las manos... A un niño que sacó una rana le dijeron que no.

—¿Cómo te llamas?

—Saludo a mis padres, a mi tío Ma...

—¡Que cómo te llamas, niño!

—...nolo y a mi tía Angustias, que me estarán escuchando. ¿Yo? Manuel Díaz Puertas, para servir a Dios y a usted.

—¿Vas a cantar o a recitar?

—Y también saludo a mi maestro, don Manuel. Me se había *olvidao.* ¿Yo?, recitar.

—¡Vaya por Dios! ¿Y con qué piensas deleitarnos?

—Sí señor.

—¡Que qué poesía vas a decir!

—¿Yo?, la canción del pirata Espronceda.

—¿Entera?

—Hasta donde me sé. ¡Con *cien* cañones por banda... —y el niño seguía manoteando hasta que llegaba a Estambul.

—...y allá, en la frente, *Eztambuh.*

—¡Muy bien! ¡Muy bien! ¡Un fuerte apla...

—¡Que no he *terminao*! Navega vele...

—¡Más fuerte ese aplauso! ¡Venga!

Entonces el chaval desistía.

Cuando iba de canciones, salía a tocar el piano el maestro *Nosecuantos,* que nunca se entendió el nombre con el follón. Nada más decir el título de la canción, el maestro se arrancaba con ella como un poseso, y pillaba al niño desprevenido. Pero no importaba; éste le alcanzaba enseguida y siempre terminaba antes. Las de Joselito caían todas. Un día, un niño salió diciendo que era un pobre presidiario, y nos dio mucha risa.

Al finalizar el programa, el locutor nos decía aquello de que íbamos todos a salir educadamente, en perfecto orden, y sin saltar de butaca en butaca; pero no. Y el maestro, entonces, la emprendía con el himno:

> Niño, si quieres ser feliz
> ¡ser feliz!
> Radio Alegría has de oír
> ¡has de oír!
> Y usted, señor,
> si un buen licor
> quiere beber
> ¡tiene que ser!
> ¡tiene que ser!
> Crema Juamer,
> Crema Juamer.

Nos lo sabíamos de memoria a fuerza de repetirlo. Es que contaron en el programa que había un representante de Destilerías Juamer que si te pillaba cantándolo por la calle, te daba un duro. Por eso, a la salida de las escuelas se formaban manadas de chiquillos que iban por todas partes cantando esa canción. Lo que pasa es que nadie sabía lo que es un representante. El Sánchez Peinado nos dijo que tenía que ser un señor con una cartera, como el cobrador de El Ocaso, más o menos.

Un día le vimos; mejor dicho, fue el Briones el primero que lo avistó:

—¡Allí, allí! ¡El representante! ¡El representante!

—¿Dónde? —preguntamos todos a la vez.

—¡Allí, miradle, el que se baja del coche! —chillaba el Briones como un cochinillo congestionado.

—¡El representaaantee! —confirmó Ruiz, al tiempo que emprendía la carrera.

—¡Niño si quieres ser feliz...! —cantábamos todos mientras nos íbamos para él.

El hombre se nos quedó mirando y se le vio que quería como volverse a meter en el coche. Pero no le dio tiempo: le rodeamos y le cantamos. Entonces, apretó la carterilla contra el pecho y salió andando, como si la cosa no fuera con él. Pero nosotros le seguimos, sin dejar de cantar. Miraba para atrás y apretaba el paso. Nosotros también; y sin dejar de cantar. Finalmente, salió corriendo y se metió en un bar. Nosotros no; pero sin dejar de cantar. Para mí, que nos miraba con ojos de susto tras la puerta, pero el Ruiz dijo que disimulaba, que éramos muchos y que no quería soltar tantos duros.

Estuvimos cantando mucho rato a la puerta del bar. Y hubiéramos seguido, pero salió un camarero con un palo y nos dispersamos.

Al día siguiente, el Ruiz llegó radiante a la escuela, y en el recreo nos enseñó un duro. Por lo visto, se había quedado acechando desde un portal y cuando el representante salió del bar, le siguió y le cantó. Para disimular, el hombre se recorrió todas las droguerías del pueblo, pero el Ruiz le esperaba y le cantaba a la salida. Se cruzaron con varios grupos de niños cantantes, pero el Ruiz se callaba para que no se dieran cuenta de que iba tras el representante, y los niños pasaban de largo. El hombre llegó a tirarle piedras y todo, pero cuando ya era muy tarde y estaban en la calle donde había dejado el coche, se volvió hacia el Ruiz, que iba por la otra acera, y le preguntó que qué les pasaba a los niños de este pueblo, que si eran todos imbéciles o qué. El Ruiz le dijo entonces que sabía que era el representante y que quería su duro por cantar. Y el hombre se lo dio.

—¿Y qué te dijo?

—A mí, nada. Pero cuando se iba para el coche repetía: «¡Válgame Dios, válgame Dios! ¡No me creerá nadie!».

Durante algunos días más merodeamos por la zona, canta que te canta. Pero nada, no volvimos a ver al hombre de la cartera; al representante.

El célebre Roberto

Los tebeos colgaban de cuerdas que iban de lado a lado de la pared, y tenían más mierda que el palo de un gallinero. Ya ves tú, entre que aquello era una carbonería y que nosotros los leíamos mientras merendábamos pan y aceite, o chocolate... El alquiler costaba una perra gorda y los jueves se ponía aquello de bote en bote, que ni sitio quedaba en el banquillo. De los que más había era de Aventuras del *febeí,* El Cachorro, El Guerrero del Antifaz... y mi preferido, que era, con mucho, el mejor:

De él se trata, misma y precisamente; de Roberto Alcázar, el intrépido aventurero español.[39] Y el chino de la tapadera es un chuleta que no sabe con quién se juega los cuartos y se está buscando la ruina de la manera más tonta, el inconsciente. ¡Digo, *encargarse* él de Roberto Alcázar...! Un *chalao* total es lo que es, el tío. Es que te daba la risa. ¡Pues no es nadie el Roberto!

¡Toma ya! ¡Y en camiseta! ¡Ese es mi Roberto! Él sí que sabe tratar a esa gente:

Paquete picadura, dos botellas de Anís del Mono y va que chuta el moreno. Si llega a añadir unos polvorones, se queda con el gorro y los pendientes, también. Que es que lo mismo regatea con un judío avariento y me lo deja en la ruina, que me consigue de rebajas una isla que rebosa petróleo. Y eso no es nada, ¿eh?, que además de hábil negociador, es que me habla el tío en extranjero que es un primor. Vamos que no lo digo yo, que eso se ve:

¿Te has *fijao* en el detalle o no te has *fijao* en el detalle? «¡Habla inglés!», dice Roberto. ¡Por una palabra ha sacado el idioma! ¿Sabe o no sabe, este hombre? Pues eso, que no se le escapa una, que tiene una cabeza, y que la usa:

Y eso no es nada; una simple deducción de las suyas. Atiende a esto, que ya son palabras mayores:

De chino; las pisadas. Que son de chino. ¡Que ha averiguado la raza por las pisadas! Un genio es lo que es. Y astuto y zorro, que para qué.

Y ni te cuento cuando actúa a dúo con el Pedrín. Entonces es ya el acabóse y la recaraba; que te partes con el Pedrín, que tiene unas salidas de pata de banco, que es que te atornillas de la risa. ¡Qué pareja!

Y, claro, pues son de lo más famoso. Que me les reconocen en cualquier parte del mundo en que se encuentren. Y no estoy exagerando ni *miajita*:

En fin, que eran unos tebeos estupendos, oye. Y lo que más me gustaba a mí era que en cada número pasaba de todo y nunca sabías lo que te ibas a encontrar; ni por lo más remoto. Una auténtica sorpresa cada vez, que cogías un número y te decías que qué nos deparará esta nueva aventura. Y que aprendías cosas, que eran muy instructivos.

Mira, mejor te cuento para que te hagas una idea: las historias comenzaban con que ellos, Roberto y Pedrín, estaban de vacaciones. ¿Me sigues? Pero, de puro famosos, se entera el jefe de policía de donde sea y me les llama. Que siempre es en el extranjero.

Total, que van a ver en qué pueden ser útiles:

Y me les sueltan los *muertos* que no han podido resolver, como es lógico. Tratándose de quienes se trata...

Nada más encargarse del caso, Roberto y Pedrín reciben el correspondiente aviso de los criminales de turno para que nuestros héroes no se entremetan en sus asuntos: «Si en México te metes en lo que no te importa pagarás cara tu osadía. *El hombre sin rostro*». «Eliminaremos a todo el que se entrometa en nuestros asuntos. *Rana Verde.*» «Estamos dispuestos a eliminar a todo el que se entrometa en nuestros asuntos. *Los Grajos.*»

Lo primero en estos casos es ir a un bar de malhechores. Eso, fundamental. Y cuanto más ambiente criminal, pues mejor:

Una vez allí, la cuestión está en pegar la oreja, que los maleantes están siempre hablando de fechorías:

Otra costumbre típica, típica, de los criminales en general es pasarse cantidad de notas con instrucciones para las fechorías. Raramente usan el teléfono o mensajeros; ellos, notas: «Esta noche a las doce que espere el submarino en el fondeadero Amarillo. Huiremos con el tesoro de la princesa Koe-Moe. *Fu-Pei-Fu*». «Aterrorizar al capitán para obligarle a que abandone el barco. Si no se consigue, matarlo. A media noche reunión en la taberna de Sam. Quemar este papel.» «Toma billete en el avión y al llegar a la frontera haces uso del narcótico. Te apoderas de los mandos y sigues en dirección N.E. Nosotros te saldremos al encuentro.» Notas que, además, pierden o tiran a la menor oportunidad. Y eso que todo el mundo sabe que cuando uno recibe esa clase de mensajes, lo que tiene que hacer inmediatamente es quemarlos y aprendérselos.

Conocedores Roberto y Pedrín de este hábito o costumbre del hampa, no se marchan nunca de un antro sin mirar por el suelo y, claro, muy frecuentemente, su sagacidad es recompensada.

Cuando los bandidos se disponen a fechoricear, Pedrín va y me les sigue económicamente; sin reparar en el peligro, por supuesto. Aunque, para mí, que algunas veces se pasa. Qué quieres que te diga:

El caso es que, sea como sea, él sigue a los malvados; y como éstos continúan dale Mariquilla al torno con la misma historia... pues que se me entera de todo, el muchacho. Aunque de toda la vida de dios, para enterarse no hay nada como preguntar; y directamente, al grano:

Normalmente, esto de preguntar lo hacían Roberto y Pedrín en colaboración; que les quedaba mucho mejor. Precisamente, aquí los tenemos en una simpatiquísima secuencia:

¡Qué gracia la que se traen con el *jarabe*! Que es que en estos casos me hablan en parábola, que da más risa.

Y no siempre es a palos o a tiros, ¿eh? Que el ingenio de Pedrín... ¡Las cosas que se le pueden ocurrir a este rapaz!

Si se fija uno, Pedrín tiene en la mano un cable de la luz que va a las esposas del criminal, y los dos puntitos que se ven en la pared son los agujeros del enchufe...

Si no la palmaban, los malhechores cantaban hasta ópera.

Una vez enterados de todo, Roberto y Pedrín se disfrazan... que su padre no sé, pero los malos los *calan* nada más verlos; que es mucha fama la de la pareja. Y no sólo en Suramérica o en Estados Unidos, que ahí son como de casa, ¡qué va! En la China mismo, que ya lo vimos, que estaban en Cantón de riguroso incógnito y nada, que si quieres arroz, que hasta el camarero los reconoció. Pero ellos se disfrazan.

A partir de aquí, comienza lo bueno y eso, que te chorrea el aceite por la manga, la carbonera te dice que estás pringando el tebeo, y ni te enteras, de lo *embebío*. Es que Roberto y Pedrín se dirigen a la guarida de los forajidos, que viven siempre en un entresuelo y tienen una trampa en la salita:

Eso es una traición, y se ve claramente; que el mismo Roberto lo dice siempre al caer. Que ahí es cuando te preocupas y te dices si nuestros héroes podrán sortear el peligro una vez más.

Los tarados de los bandidos brindan de la misma inconsciencia de sus mentes criminales, que no dan para más. Que al tebeo le quedan hojas y todavía no se han llevado su ración de mamporros.

Así que, mientras tanto...

Un hotel que se ahorran, ya ves tú. Porque salir, salen. Que a fuerza de caer en trampas de esas, Roberto lo tiene todo más que previsto y va pertrechado que parece el tío una ferretería ambulante. Con decirte que por llevar, lleva el hombre hasta una bandera de España, por si un caso...

Y si no pueden salir con los métodos tradicionales, pues aprietan un botón, tiran de una argolla o le saltan un ojo a una estatua, que seguro que una puerta se abre.

Es tal la ceporrez de los criminales, que los dos valientes españoles les tienen pillado el truco y van ya directamente:

Junto a la puerta, del tamaño de una perra gorda, y negro. Secreto, lo que se dice secreto... Pero en situaciones mucho más difíciles se han encontrado y han salido igualmente airosos, no te vayas a pensar. Que no todo son trampas en el suelo y resortes, que a ver qué haría uno si lo echan a los cocodrilos en camiseta y calzoncillos, por ejemplo. Y ellos, si se tercia y tienen que improvisar, pues que improvisan, oye. Mira si no, de qué manera tan ingeniosa resuelven una situación de peligro extremo que a otro cualquiera le hubiera costado una pierna, por lo menos, como mínimo:

Una vez libres, no me les queda más tarea que la de ir a por los delincuentes y liarse a golpes, tiros y puñetazos con ellos, que eso es lo que se les da mejor a nuestros héroes. Pedrín suele ser el primero que se apunta a dar mamporros, que es de hacer notar lo variado y amplio de su repertorio, que lo mismo chasca un occipital, que te hunde un parietal, que te arruina un esfenoides de por vida. Luego se incorpora Alcázar y ya es el acabóse. ¡Qué pareja!

Que terminan enseguida, eso es lo malo, que nunca hay más de dos o tres páginas de tiros y puñetazos; una lástima.

A lo mejor, alguno, en su ignorancia, va y te dice que qué poco fuste tienen estos tebeos, cuatro golpes y ale; que hay gente así. Que les tienes que explicar la de cosas que se aprenden; que son muy instructivos. De qué iba yo a saber dónde está Cantón, o que los chinos ya no llevan coleta, o que *yes* es inglés... Y luego, la moraleja, que es que son tebeos con moraleja. Un poner, ésta que explican al alimón Roberto y Pedrín:

Y luego, que son como tienen que ser. Que su modestia, por ejemplo, no tiene límites; que resolviendo los casos que resuelven, que ni la policía podía con ellos, y los peligros que pasan, no le dan la menor importancia. Para ellos es cumplir con su deber, como las personas urbanas.

Y quien dice modestia, dice altruismo y generosidad; que eso lo damos en el colegio, y hay que ser generoso, sin llegar a manirroto, pero generoso. Y altruista, que es hacer las cosas gratis pero sin que te tomen por tonto.

Pues Roberto y Pedrín son eso:

¿Y esto? ¿Contribuyen o no contribuyen con sus riquezas a hacer el bien? Pues eso. Y además lo hacen como manda el catecismo, procurando que la mano izquierda no sepa dónde tiene la cabeza, o algo así. Lo que pasa es que no pueden evitar que se enteren los periódicos... Y, claro, lo normal, pues me les dan medallas, los convidan a almorzar y los sacan en procesión...

Que se dejan por no hacer un feo, que ellos son gente muy sencilla y campechana y están deseando que pasen esas gaitas para volver a su vida de siempre, tan tranquilos:

Que saben ellos que no va a poder ser, que Pedrín tiene la mosca tras de la oreja... y pregunta por preguntar.

¡Los indios!

Algunos jueves íbamos al cine; a una sesión infantil que se llamaba *matiné* y era por la tarde. Se juntaba allí lo más grande de la
chiquillería, y los acomodadores nos decían de todo. Yo sacaba entrada de *gallinero*, en todo lo alto, que era más barata y tenía la
ventaja de que no te caían en la cabeza ni cáscaras de pipas, ni es-
cupitinajos.

En cuanto se apagaba la luz, salía Franco. Es que echaban unas
peliculillas con lo que hacía durante el día, que es que no paraba,
el hombre.

Lo primero de todo, se iba con su mujer a misa, que le estaban
siempre esperando los curas a la puerta y no empezaban hasta que
no llegara él. Y le tenían preparado un techico, que no llovía, pero
por si sí; y Franco enseguida se metía debajo y ya entraban, a los

El techico.

Apretando el botón.

Con tanta visita no me le dejan trabajar, que hay que ver cómo tiene la mesa de papeles.

acordes del Himno Nacional. Y, como estaba llena la Iglesia, se tenía que poner al lado del altar.

Después, se daba un paseo, bien por la calle, bien por un pantano, y le ponían un casco y le enseñaban maquetas, y le daba a un botón entre grandes aplausos, a los acordes del Himno Nacio-

Franco, departiendo con la Virgen de Fátima.

nal. Y había un desfile de unos soldados que le miraban al pasar por delante de él y no se torcían, que lo comentamos.

Luego se iba corriendo para su casa, que iban a llegar las visitas, que era muy visitado y siempre iba mucha gente a verle. Gente muy elegante, como de boda bien, que algunos llegaban en carroza, fíjate tú el lujazo.

Y una vez fue a verle la Virgen de Fátima. Como te lo cuento, la Virgen. De Fátima, sí.

Algunas veces se asomaba al balcón, pero siempre veía lo mismo: un gentío chillando. Y les tenía que decir unas palabras, pero en cuanto pronunciaba ¡Españoles! ya se liaba el follón y no se le entendía; lo cual, que saludaba con la mano y se iba.

Los peluqueros, siempre en primera fila.

Los círculos humanos.

La Copa es suya, pero se la da a Gaínza.

Las tardes se las pasaba en Chamartín, que primero veía a unas muchachas que tiraban aros para arriba, se daban una vuelta, y unas los cogían al caer y otras no; y a unos hombres que se metían en unas ruedas gigantes y daban vueltas, que algunos se quedaban boca abajo. Y todos hacían figuras en el suelo, que si círculos, que si cuadrados... Y, finalmente, la jota, a los acordes del Himno Nacional.

Después, Franco se veía la final de su Copa, y se la entregaba a Gaínza. O bien felicitaba al Real Madrid, que había ganado la de Europa, según.

La peliculilla esa terminaba con alguna desgracia en el extranjero; bien una inundación por la parte de *Mashashushes,* a ser posible, con un perro que va nadando desde el tejado de una casa hasta una barca; bien un terremoto tremendo en la India.

Salía FIN y dejábamos de armar jaleo, porque iba a empezar la película. Del Oeste, claro.

La inundación. El perro ya está en la barca.

Un «bieeeenn» kilométrico, acompañado del estruendo del pataleo y de las palmas, saludaba la llegada en el último momento de la caballería, habitualmente *El Séptimo,* que venía trompeteando y presurosa a salvar a la diligencia, a los mineros, al tren, o a la honrada familia de colonos, del feroz ataque de los indios.

¡Los indios! Aquellos seres salvajes, semidesnudos y pintarrajeados, incapaces de sacramentos y que sólo se expresaban en infinitivo, no tenían, así de cortas eran sus luces, otra ocurrencia que la de meterse con los blancos. Una manía que no se podía comprender en cuanto mirabas a unos y a otros, que te decías: no hay color, éstos pierden.

Y, efectivamente, mira que les iba mal: película tras película, los molían; que algunas veces, hasta caían dos de un solo disparo, que eso lo he visto yo, y no una ni dos veces... Y luego, esa manera tan tonta de atacar, que se ponían a dar vueltas y vueltas y los de las carretas haciendo puntería, como con los patitos en el tiro al blanco, que aquí era al indio.

¡Cobardes!

Pero nada, oye, al jueves siguiente otra vez los tenías dale que dale, erre que erre.

Que además de tontos, es que eran de mala condición, eso es lo que les pasaba, y mordían la mano que les socorría. En *Hoguera de odios,* mandaban a uno a estudiar y en cuanto volvía, que se había hecho perito o así, mataba a su padre adoptivo y a su hermano de sangre, que eran blancos y le habían pagado los estudios. Charlton Jeston los tenía calados y se pasaba media película diciéndole al capitán que no se fiara. No le hicieron caso, y pasó lo que tenía que pasar, que el indio este solivantó a los otros y la liaron.

Y tuvo que arreglarlo el mismo Charlton Jeston, que estaba peleado pero que les hizo el favor, y fue y le rompió la espalda al indio. Que los indios, en cuanto les matabas al jefe, se retiraban.

Otros indios de la misma ralea eran los de la India, de color marroncillo y mirada me parece que torva. Éstos, además, eran unos cobardes y unos traidores: estaban todo el día con los blancos, que os vengáis por el palacio a tomar algo, y luego, a los postres, les atacaban. En éstas, era Gary Cuper el que ponía las cosas en su sitio, que no se fiaba de ellos ni un pelo, y se pasaba la comida vigilando los cortinajes y los balconcillos.

James Estíuar y Gary Cuper, rodeados de lo más grande.

Charlton Jeston, herido sin importancia.

El Gary Cuper, mirando de reojo, que los hindúes pueden aparecer por cualquier lado.

Orfeón japonés, torturando.

De japoneses echaban muy pocas, pero se veía que eran bajitos y de muy mala leche. En una película metían a un prisionero inglés en una jaula como de pollos, y le dejaban al sol; que salía el inglés luego dando bandazos, que no atinaba ni con la puerta. Y luego el tío, encima, les hacía un puente, que ni puentes sabían hacer los japoneses. Ni hablar en español, esa es otra, que no se les entendía nada.

Otros japoneses eran los chinos; pero de éstos sólo pusieron una. Y era de que querían que los blancos se fueran de China, ya ves tú la majadería, y los rodeaban y moría Ava Gadner; que no

Al Charlton Jeston lo mismo te lo encontrabas en China, que de romano. Salía en todas, el tío.

sé yo si de ésta había que confesarse. Al final, llegaba la caballería americana, que el jefe era Charlton Jeston, que se habría alistado. Pero aplaudimos más al principio, que se veía la bandera española, no sé yo lo que haríamos en China, pero que allí estábamos.

De todos modos, los más simplones, sin comparación, eran los negros. Los había buenos, que servían a los blancos y les ponían refrescos y en las excursiones les llevaban los bultos y las escopetas; y los había malos, que a la menor te ataban a un poste para que no te fueras sin ver el baile completo. Pero, buenos o malos,

Tarzán y su familia. Falta la mona.

de muy cortas luces. Cómo sería, que en un continente entero de negros, el rey de la selva era un blanco. Que puedes decir bueno, eso es normal; pero que antes había que ver al blanco: el Tarzán es un tío que, en seis películas que le he visto, no ha aprendido a decir otra cosa que *Mi Tarzán, tú Yein,* y para decirlo, tiene que señalar, vaya que se confunda. Vive con una mujer de confesarse, y el hijo que tiene es adoptado... No te digo más; hasta la mona es más lista. Y si ese es el rey, imagínate los súbditos. Rara es la película en que no se despeñan seis o siete con el equipaje.

Pero son entretenidas, aunque me creo que la pelea con el cocodrilo, bajo el agua, es siempre la misma.

Tercera parte: El florido pensil. Tercera parte: el fl-orido pensil. Tercera parte: el florido pensil. Tercera parte: el florido pensil. Segunda Tercera Un pensil es un jardín delicioso. Un pensil es un jardín delicioso. Un pensil es un jardín decilioso. Un pensil es un jardín jardín

¡2ué trajín!

Por pura mala suerte, unos cables de la luz pasaban por la pared que nos servía de portería cuando jugábamos al fútbol. Y eran de muy mala calidad los cables, oye; que se rompían con pelotazos no muy fuertes. Los deslucidos vecinos gritaban mucho y se montaba en la calle un palabrotería de mucho cuidado. Al Fuentes le decía su madre desde el balcón que lo iba a matar, que subiera para arriba. Pero el Fuentes no iba, y una vecina le contaba a su madre cómo terminaba la novela y ya se le medio pasaba. Luego, venía el guardia municipal y sacaba la navaja; pero era para rajarnos la pelota, que teníamos ya varias medias pelotas.

Gracias a Dios, en nuestra calle no vivían deicidas... Que mira lo que le hicieron a Dominguito del Val, que a lo mejor es verdad que se ponía muy pesado con el canturreo, que no digo que no; pero no veo yo que fuera para ponerse como se pusieron, la verdad.

Dominguito era un niño muy bueno y piadoso y, por lo visto, a la menor oportunidad se liaba a recorrer el pueblo con sus amigos, cantando coplas a la Virgen.

> Esto era lo que más irritaba a los judíos. Por eso pensaron en matarlo.[40]

Judíos, ¿eh?, judíos. *Jodíos* o *joíos* era otra cosa. Eso era cuando eras tú el que irritabas: «¡*Jodíos* niños, con la pelota!». «¡A tu madre se lo voy a decir, so *joío*!» Que tampoco es que hiciera falta, ya ves, que mi madre era la primera que estaba en el balcón diciendo lo mismo a los demás.

A los Judíos los conocía yo por la Historia Sagrada, que éstos eran los que siempre estaban bajo algo: «Los judíos bajo Alejandro Magno»; «Los judíos bajo los egipcios»; «Los judíos bajo los sirios». Otra pregunta era: «Los judíos, tributarios de los romanos»; pero no venía si era encima o debajo. Luego salían en la 26

Tal que así dejábamos con la palabra en la boca a Pedro Pablo Ayuso y Matilde Vilariño.

y en la 27, y azotaban y escarnecían a Jesús y lo entregaban a Pilatos. Además, escupir era cosa de judíos, ya se sabe.

> Los judíos se dedicaban especialmente al comercio y a la usura, y en secreto trataban de propagar su falsa religión. En varias ocasiones habían martirizado a niños cristianos con horrendos suplicios. Por todo esto, el pueblo les odiaba.[41]

Y, encima, iban y se irritaban con Dominguito. ¡No te digo! Es verdad, hombre; se les echa agua cuando pasen, o se habla con sus padres... Y ¿no era el chiquillo tan bueno y tan piadoso? Pues se le dice, oye, directamente: «Mira niño, nos tienes hasta las narices con la rondalla, que eres más *pesao* que una vaca en brazos, *so joío!*». Con lo educado que era Dominguito, seguro que habría pedido disculpas por la perturbación y se habría ido a cantar al campo.

Bueno, pues no. Precisamente una tarde que no estaba dando la murga, un judío me le esperó a la salida de la escuela, me le echó un saco por la cabeza y me le secuestró.

Dominguito y su orfeón, cabreando —sin querer— a un judío.

Y no terminó ahí la cosa, ¡qué va! Que se juntaron por la noche los judíos más importantes y se empeñaron en que Dominguito pisara el crucifijo, que era una manía que tenían ellos, ¿no? Y Dominguito les dijo que no, que bajo ningún concepto; pues tienes que pisarlo, y tienes que pisarlo... Que sí, que no, que sí, que no, y en esas:

—Pues como tu Dios has de morir —dijeron los judíos.

Y le pusieron una corona de espinas, y lo clavaron en cruz y le traspasaron el pecho con una lanza.[42]

¡Toma ya! ¡Por cantar! Por muy mal que lo hiciera el pobre, qué poca correa la de los judíos estos. Y no era la primera que hacían, según parece. En las *sugerencias para el trabajo* decía que re-

Fíjate el joío judío.

cordáramos «... el crimen horrendo del Calvario y la implacable maldición que eternamente pesa sobre la raza deicida». Que no eran razas distintas, ¿eh?, que pregunté yo al maestro y deicidas y judíos era lo mismo y lo podías decir como tú quisieras. ¡Ah! y también teníamos que recordar la traición del Guadalete. Pero cuando la traición del Guadalete, yo no estaba, que tuve anginas.

«¿Te gustaría a ti ser como él?», te preguntaban en las *sugerencias*. Y tú qué ibas a decir, ¿no? ¡A quién no le gustaría ser «caritativo, valiente, piadoso y amante de la Virgen María»! Eso, ni se pregunta. Pero es que luego ponía en el libro: «Pues ¡anda y haz tú lo mismo!». ¿Cómo «lo mismo»? ¿Qué quieren?, ¿me busco a unos judíos y los mosqueo hasta que me crucifiquen? ¡Jolines con la *sugerencia*! «¡La gloria de morir como Jesús!» ponía. Pues muy

¡Virgen del Amor Hermoso, lo que hacen con el chiquillo!

bien, pues vale; pero Jesús sabía resucitar, y yo no. Además, que no me digan a mí que si Dominguito hubiera sabido la que le esperaba, iba a seguir en plan melódico... No, hombre; no.

Luego resultaba que era para probarte, nada más. Que no quedaban judíos, que los echamos a todos porque es que...

> ... los judíos eran en España verdaderos espías y conspiradores políticos: que vivían en la secreta amistad con los moros y en la callada esperanza de los turcos ... Los judíos estaban organizados en verdaderas sociedades secretas de intrigas y conspiración. En esas sociedades se habían preparado crímenes horribles, como el asesinato de un Santo Obispo de Zaragoza, y el martirio, en La Guardia, de un niño en el que se había reproducido la pasión de Cristo ...[43]

Se saltaban a Dominguito, ¿eh?, que lo de Dominguito fue en Zaragoza. Al niño del otro pueblo, que también habían crucificado, no venía por qué; que no quería yo ni pensar que hubiera sido por dejar sin luz a una judía mientras planchaba, o algo por el estilo. Pues de estos abyectos, que también se les podía llamar así, nos libraron los Reyes Católicos, que eran matrimonio y montaban tanto.

> Doña Isabel era muy blanca y muy guapa, buena y humilde como una santa, y quería a España con todo su corazón. Don Fernando era muy valiente y muy listo.[44]

Pero el maestro nos dijo que lo que ponía el libro de estos reyes era un pálido reflejo de la realidad y cogió otro libro y nos soltó un dictado, con más color:

> No cabe compenetración más perfecta en el pensar, en el sentir, en el desear, en el hacer, que la que entre ambos se realiza. Ella impulsa las obras con su corazón; él las toma a su cargo con su inteligencia y su energía. A la hora del sacrificio, de la generosidad, de la ternura, Isabel no cede a nadie el primer puesto; a la de la cautela, la impavidez, la desconfianza, es Fernando quien aparece. En ella, el amor sofoca muchas veces al interés; en él, siempre que es preciso, el interés acalla, vigilante e inflexible, al amor. Isabel estudia, labora, acaricia, reza; Fernando medita, trama ...[45]

Nos quedamos sin saber lo que tramaba Fernando, porque era la hora de salir. Yo no me había enterado de la misa la media, la verdad; pero no tuve nada más que tres faltas: tres palmetazos. Por mala suerte, que con el Briones se rompió después la palmeta, que llevaba meses untándose las manos con ajo y decía que no sentía los palmetazos. No sé yo el sistema...

Con los judíos, los Reyes Católicos lo intentaron primero por las buenas, y para evitar la difusión de esta secta fundaron la Santa Inquisición, que ponía en una lectura que era un tribunal cuyos procedimientos encerraban verdaderas maravillas de delicadeza. Tan es así...

> ... que muchos procesados por otros delitos fingían ser *herejes* para que los sacaran de las otras prisiones y los llevaran a las de la Inquisición, en las que hasta se les daba permiso para salir de baños ...[46]

TANTO MONTA

Justo en el momento del retrato se les ha chafado el tingladillo de las flechas y lo otro.

Pero los judíos eran muy tramposos, y para que no los quemaran vivos hacían el paripé de que se convertían a la verdadera religión, y luego, bajo cuerda, seguían con sus cosas, metiéndose con los chiquillos y acaparando gran parte de la riqueza nacional. Lo cual, que los Reyes Católicos edictaron su expulsión en 1492.

> La prudencia de esta determinación real no la comprenderá quien desconozca el carácter judío, su actuación hipócrita y sus tendencias sociales que tantas veces han llevado a España a la ruina. El mundo nos da ahora por fin la razón, y, después de cuatro siglos, los mayores políticos adoptan el consejo de nuestros Católicos Soberanos, expulsando de sus territorios a esta raza peligrosísima.[47]

Como los Reyes Católicos se habían propuesto dejar a España como un solar, patrio, también dieron puerta a los moros, que su rey se dio un tute de llorar.

Los moros sólo llevaban ocho siglos en España y habían venido porque:

... les gustaba mucho España y tenían muchas ganas de ser los amos de nuestros pueblos, de nuestros campos, de nuestros montes, de nuestros mares.[48]

Hay que aclararlo, ¿eh?, que aquí podía venir quien quisiera. Ahora, en otro plan:

Y unos venían con sus barcos cargados de telas, para cambiarlas por el oro de España. Y otros se venían aquí a vivir con sus mujeres y con sus hijos. Y vivían tan a gusto y nadie los molestaba.[49]

Así, sí; ¿ves tú? Llegaron los íberos y nadie les dijo nada.
—Que nos vamos a sentar por el Sureste de España.
—Muy bien, sentaros donde queráis.
Resultaron unos vecinos estupendos, que los ponen muy bien en los dictados y en las lecturas: que si sobrios, que si hospitalarios, que si nobles, que si sacrificios humanos... Eso sí, eran muy mirados para sus cosas y como les ofendieras la llevabas clara. Y muy religiosos; sobre todo, ellas:

Las mujeres íberas llevaban sobre la cabeza un aro de hierro que servía para echar sobre él un velo con el que a menudo se cubrían la cara. La misma Dama de Elche aparece con la cabeza y el cuello pudorosamente cubierto de paños. Parece que las primitivas mujeres españolas estaban nada más que esperando que se levantara la primera Iglesia de Cristo, preparadas ya con sus tocas para asistir a la primera misa ...[50]

Pese a la extendida opinión de que los celtas eran cortos y negros, la verdad distaba mucho: eran altos y rubios, como la cerveza, y con tatuajes en el pecho; que eso lo había oído yo en alguna parte. Vinieron y se sentaron en el centro y oeste de España. Bailaban en familia y sacrificaban vidas humanas.

Los íberos y los celtas se casaron y de ahí salieron los celtíberos, que comían pan de bellota y eran como nosotros:

La Dama de Elche

Íbera lista para ir a la novena al Sagrado Corazón.

Muchas de las costumbres que aún privan entre los españoles proceden nada menos que de entonces. Así nuestra afición a las corridas de toros y al uso de la capa.[51]

Como que hay un torero que me parece que se llama *celtiberito* de Málaga.

También se dieron un garbeo por aquí los fenicios, que lo mismo te enseñaban a leer o a contar, que te vendían algo.

Los fenicios inventaron los tintes, las latas de sardinas y la colonia. A las colonias le ponían nombre de ciudad, como Cádiz, Algeciras y Myrurgia. También fundaron Sepu; creo.

Pero los fenicios eran avaros insaciables y desmedidos, y seguramente sisaban en el peso y te daban mal el cambio. El caso es que hubo una sublevación y los echamos.

Luego vinieron los griegos, que mi libro ponía que procedían de Grecia, quién lo iba a pensar. Eran amables y tranquilones, muy buena gente, y se llevaban bien con los españoles, a los que les per-

Nave fenicia

Los fenicios llegaban de ocho en ocho.

feccionaron la vida. Inventaron la aceituna y la peseta. En esa lección dábamos un griego que se llamaba Sócrates, que murió, que le sentó mal algo, «predicando hasta sus últimos momentos la inmortalidad del alma».[52]

A meterse con los griegos, que no les habían hecho nada, vinieron los cartagineses, cuya profesión era la guerra. Aníbal atacó Sagunto y aquello fue el acabóse, que los saguntinos prendieron fuego a la ciudad y se mataron unos a otros; y las saguntinas se tiraban con los chiquillos desde las murallas. No quedó más que su jefe, que se llamaba Tago, que cogió las llaves y se fue a ver a Aníbal. Y cuando estuvo delante de él, se clavó un puñal en el co-

Anuncio fenicio.

razón y le dijo: «¡Toma las llaves de un cementerio!». Y había que escribir en la libreta:

El sufrimiento es heroísmo sublime.

A Aníbal, por cierto, el estropicio le costó un ojo de la cara. Y a nosotros nos costó aprendernos que:

> ... el heroísmo de los saguntinos fue bárbaro y pagano, pero en él tenemos que buscar la medida de ese otro valor indomable que, civilizado y cristiano, asombró al mundo en la epopeya de la conquista de América, en la Guerra de la Independencia y en la Guerra de Liberación Nacional.[53]

Esta lección de los cartagineses terminaba en Platón, que era muy importante, ya que...

Aníbal. El ojo malo es el otro.

... como moralista sólo fue superado por Jesucristo, pues su doctrina ha sido considerada como un anticipo del Evangelio.[54]

Tanto trajín, tanto trasiego y tanto turismo venía por lo que venía, que España ha sido...

... colocada providencialmente por Dios en el centro del mundo.[55]

Y era muy fácil de entender eso, que somos el centro porque nos rodea el resto del mundo, que es que, tires para donde tires, hay más mundo por todas partes, oye. Por ejemplo:

... y al Oeste América, con la que nos une el Atlántico.[56]

Pero es que además de su inmejorable situación, nuestra Pa-

Sagunto; o Numancia. Una de las dos era ésta.

¡En el centro exacto! Un pelín más arriba, quizá.

1. ¡ESPAÑA!

Vocación de España. Proceso de integración de la Patria.

El Señor quiere mucho a España.

Por eso la puso en el mejor sitio del mundo, donde no hace ni mucho frío ni mucho calor. (Pues en otros sitios o está siempre todo helado o hace tanto calor que no se puede vivir.)

Y la colocó entre los mares por los que pasan más barcos: el mar Mediterráneo y el Atlántico.

Y le dió un cielo muy azul, y unos montes muy altos, y unos campos muy grandes y muy ricos.

¡España es una bendición de Dios!

Los primeros hombres que hubo en España eran leales y valientes.

Vinieron luego otros que eran muy listos: los fenicios; y otros que eran muy sabios: los griegos; y otros que eran muy fuertes: los romanos.

Y España era cada día más fuerte y más sabia y más lista.

España es una recomendada de Dios.

Romano al lado de un acueducto de Segovia.

tria reúne y compendia en forma admirable todas las condiciones geográficas de Europa, desde el austero Aragón hasta los idílicos paraísos de Baleares y Canarias, pasando por las llanuras luminosas de Castilla y el revuelto paisaje de la Montaña del País Vasco. Que esa pregunta me la sabía muy bien. Y las flores, que no se me olviden las flores, que de las 10.000 especies que adornan a Europa, más de la mitad sólo se dan en España. Las verduras, también.

> Rodeada por el mar en su mayor extensión y embellecida con los mejores regalos de la Providencia, España lo contiene todo y es una de las naciones más completas del mundo.[57]

Si a eso unes, como decía el *Yo soy español*, que los campos dan trigo y aceite, vino y miel, y el sol es muy brillante, y el cielo muy azul, te explicas perfectamente que...

... todos los hombres querían vivir en España.[58]

En cuanto se enteraron los romanos, dijeron de venirse ellos también. Ya ves tú, que nosotros encantados, oye; todo el que venga a dar... Y éstos parecían los reyes magos, que nos trajeron costumbres, idioma, religión, carreteras, acueductos, puentes, columnas y bustos. A los puentes que hacían los llamaban puentes romanos, y a los acueductos, de Segovia. Las carreteras se ve que no les dio tiempo a terminarlas.

Lo que no sabían los romanos, con todo lo listos que eran, era el nombre del contratista de las obras:

> De este modo disponía Dios que la obra de Roma en nuestra Patria sirviera para que cuando llegara a ella la religión de Cristo se extendiera con mucha mayor rapidez.[59]

Y eso era por la Divina Providencia, no te quepa duda.

Los romanos tuvieron sus más y sus menos con algunos españoles, que los contrataban para matar gente y luego no pagaban, que eso pasó con Viriato sin ir más lejos. Y lo de Numancia, que no estaba claro, que para mí que pasó como en Sagunto, ¿eh?

Pero enseguida, pelillos a la mar, los humanizamos y espiritualizamos, que eso era lo que se nos daba mejor:

> —¿Cómo logró España humanizar y espiritualizar el Imperio Romano?
> —España logró humanizar y espiritualizar el Imperio Romano, dándole el más grande y más humano de sus filósofos, formando al más grande y más político de sus Emperadores y regalándole, en fin, al más completo y más civilizador de sus Emperadores.[60]

El filósofo era Séneca, que era español. Y no sé si es que habría algún error, que en otro libro ponía que también eran españoles Lucano, Quintiliano y Marcial; y concretamente de este último, todo el mundo decía que era el más grande. Pero el libro ponía a Séneca. El formador de emperadores era Osio, que era de Córdoba él, y fue un obispo que condenó a uno que se llamaba Arrio que, como yo, se había hecho un lío con el *Ripalda,* y no sabía el hombre si eran tres personas en una, o un dios en tres... Pues Osio trabajaba de «maestro, educador y consejero» del emperador Constantino, fíjate el empleo. Por último, el emperador de regalo era Teodosio, que era muy completo. Pero el libro nos decía que en el mismo lote iban también Adriano y Trajano.

Numancia o Sagunto.

A los romanos de mi pueblo no se les nota casi nada que son romanos. Desde luego, siguen dedicándose a lo suyo, que el que no cava zanjas es porque está en el andamio. Pero la coraza, la faldita y el casco no se los ponen nada más que en Semana Santa, que siguen ellos muy espiritualizados. El único que no se dedica a las obras públicas es su capitán; le va más la caza de animales, que trabaja de perrero en el ayuntamiento. Y en las procesiones hay que verlo, con su coraza dorada y su penacho de plumas, espada en mano, sacando de los bares a los *armaos,* que se le escapan de la formación, que dicen que van a mear, pero no.

Los romanos que no habían tenido roce con los españoles eran crueles, hacían muchos pecados y tenían esclavos.

Como los romanos eran tan malos, Dios los castigó. Y para castigarlos mandó a los bárbaros que eran unas gentes muy valientes que entraban en los pueblos dando gritos espantosos y quemándolo y destruyéndolo todo.[61]

Romanos sin roce con los españoles, que es que se ve claramente en lo salvajes.

Lo de los bárbaros fue para nosotros pan comido: nada más invadirnos, gritarnos, quemarnos y destruirnos, los convertimos y los civilizamos.

—¿Cómo convirtió y civilizó España a los bárbaros?
—España convirtió y civilizó a los bárbaros de una manera más rápida y completa que ninguna otra nación de Europa.[62]

La cosa se nos dio tan de perlas que

... se puede decir con plena razón, que a principios del siglo VII era España la nación más católica, más culta y más civilizada de Europa.[63]

Bueno, pues estábamos tan cultamente y aparecen los que faltaban: los moros. Y no venían con buen fin. Además, unas amistades...

Había entonces en España muchos judíos. Y los judíos, que tampoco querían a los españoles, dijeron a los moros por dónde tenían que entrar para apoderarse de España.[64]

Bárbaros gritando por mandato divino.

Que, si no se lo dicen, se pierden. Que no eran muy listos los moros:

> Los moros, como los niños o los salvajes, no veían más que lo que tenían delante de los ojos y no sabían ponerlo en relación con otras cosas lejanas para formar la idea de unidad.[65]

A mí no me gustaba ni un pelo que nos compararan a los niños y a los salvajes con los moros, oye; que a lo mejor el Briones no, pero yo sí que me sabía la unidad. Y la decena, que había que hacer decenas con piedras; y la unidad de millar. Que la única que no me sabía era la *unidad de destino en lo Universal*.

Bueno, pues los moros, de sentarse, nada. Y de convertirse, todavía menos:

> Los moros no querían a Nuestro Señor Jesucristo ni a la Virgen. Los moros creían en un hombre que se llamó Mahoma. Mahoma decía: «Matad a nuestros enemigos donde los encontréis». Y un rey moro les mandó que devoraran a los cristianos hasta que no quedara uno.[66]

Moro forzando la vista buscando la unidad lejana, sin conseguirlo.

Pero nosotros salimos por pies y no paramos hasta Covadonga, en todo lo alto.

Luego venía un período de confusión: la mía. Que es que no conseguía enterarme. Porque un día quedábamos en que los moros nos querían devorar los higadillos, y al siguiente:

> *Comportamiento con los cristianos*: En general, los árabes fueron tolerantes con los cristianos, pues colaboraron en muchas ocasiones con ellos en obras culturales y se respetaron mutuamente.[67]

Claro, que eso era *en general*. Porque *en particular* Almanzor nos derrotó en cincuenta y dos ocasiones, por poner un ejemplo. Otras colaboraciones culturales fueron las batallas de San Esteban de Gormaz, Osma, Simancas, Calatañazor y las Navas de Tolosa. También colaboró mucho el Cid Campeador, al que los moros temían como a una vara verde.

Lo único que había entendido era que había que llamarles mo-

Moro en plena tarea.

ros cuando hacían el bestia, y árabes cuando se portaban como si fuesen personas. Cuando no veían dos en un burro y no distinguían la unidad, moros; cuando fundaban escuelas y bibliotecas, y sobresalían en filosofía, matemáticas y medicina, árabes.

Pero enseguida nos enteramos de la historia, que ya me lo estaba yo figurando lo que era:

> Aunque los árabes, al venir a España eran simples y feroces guerreros del desierto, el contacto con los españoles, con las flores de nuestro suelo y las claras luces de nuestro sol, despertó en ellos ilusiones de arte y saber.[68]

De todos modos, una cosa era un moro ilusionado y otra los palacios tan bonitos de las láminas, las fábricas de tejidos y lo de Abderramán III, que tuvimos que darlo y lo ponían muy bien en el libro: que si era muy listo, que si protegió —no decía de qué— las letras, que si acertadas disposiciones gubernativas... Y lo de Córdoba, que venía que en Córdoba tenían agua corriente; que el Ruiz

Mucho aroma de flores, mucho cielo azul y mucho contacto, pero esto no lo pudieron construir los moros.

decía que se hacía moro, que es que él tenía que ir todos los días con el carrillo y los cántaros a la fuente. Y muchas cosas más, ¿eh? Que no me encajaba a mí que un pueblo que no había conocido ni la civilización de Roma ni la religión de Cristo hiciera cosas así. Que ahí pasaba algo, oye.

¡Y digo que si pasaba! Pasaba que no habíamos dado la pregunta siguiente:

—¿Y eso es obra de los árabes?

—No, es obra de los españoles, porque aquellos musulmanes eran españoles casi todos, y empezando por los mismos califas, no tenían apenas unas gotas de sangre oriental. Toda aquella civilización maravillosa es española; españoles sus libros, sus sabios, sus guerreros, sus artistas, sus poetas.[69]

Eso ya es otra cosa... así, claro.

Un día dimos el harén, y el maestro nos hizo luego las preguntas que venían en las sugerencias del libro: «¿Te gustaría a ti que hubiera en tu casa otra mujer que fuera más que tu madre?». El Carlos preguntó que más que qué, y el Ruiz dijo que a quien no

Árabe sin pizca de sangre árabe, en plan culto.

le iba a gustar ni un pelo era a su madre, que a él le daba lo mismo. El Briones nos contó que su abuela vivía en casa, pero que no sabía si era más o menos que su madre; y que su padre tampoco lo sabía, que cuando ellas se peleaban, cogía la radio y se iba al dormitorio.

Al final, moros, moros... lo que se dice moros, moros, no quedaban más que los de Granada. Y los Reyes Católicos los enfilaron. Y cuando los Reyes Católicos enfilaban a alguien...

Imperio imperial

Nuestra vocación de imperio, que es que tenemos vocación de imperio, nos viene desde los romanos, mismamente. Pero como el Briones no se entera, pues preguntó que qué era eso, que los demás lo sabíamos perfectamente, y por su culpa tuvimos que sacar el cuaderno y copiar en esmerada caligrafía:

Imperio es la suprema autoridad del poder público ejercida sobre todo un Estado de grandes dimensiones, que suele tener siempre expansión de colonias.[70]

Entre el esmero caligráfico y que a Félix no le daban permiso para ir a mear y se movía mucho, tardamos una enormidad y nos castigaron a toda la banca a quedarnos media hora después de la salida; que el Briones encima se libró, que vino su madre a recogerlo que le tenían que comprar unos zapatos; y a la tarde tuvimos unas palabras con él, y no se pudo escapar porque los zapatos le habían hecho una rozadura. Y le quitamos la pelotita verde que daban con los zapatos.

Y teníamos mucha vocación de Imperio porque hay pueblos que nacen predestinados por Dios y, por eso, España no fue una provincia de Roma, sino «una colaboradora enérgica de la gran tarea romana en el mundo», que no es lo mismo; por lo visto. Y fue entonces cuando sentimos los primeros golpes imperiales de nuestro porvenir histórico. Lo que pasa es que también sentimos los golpes de los bárbaros y de los árabes y lo dejamos.

Fueron los Reyes Católicos los que se dijeron de forjar un Imperio; que eso se hace imponiendo la ley sobre un gran territorio para hacer un Estado fuerte y unido, primero; y después se busca un nuevo mundo y se le coloniza de manera única en la Historia,

El Imperio mismo, en dibujo.

pretendiendo un bien universal. Y hace falta un descubridor, también.

> Un día se presentó a Doña Isabel la Católica un marinero, que se llamaba Cristóbal Colón, diciéndole que él quería recorrer los mares y buscar las tierras que hubiera en ellos y enseñar a todas las gentes a ser buenos y a rezar.[71]

Y no le sorprendió a la Reina esto, que le estaba esperando, porque presentía el principio de una nueva edad que iba a fatigar con sus proezas a toda la tierra y traer triunfos nuevos a la Iglesia de Dios; me parece que era así. Además, que estaba todo previsto:

> ... y Dios hace un Nuevo Mundo para que España lo descubra, lo conquiste, lo evangelice y lo anexione a sus dominios.[72]

Esto no lo dimos en la lección de la creación del mundo; lo mismo es que fue al octavo día, y como entonces sólo dimos siete...

El encuentro entre la Reina y el Descubridor no fue cualquier cosa, que se juntaron el hambre con las ganas de comer:

Colón con sus pupilas garzas.

... la reina más grande que ha habido en el mundo y el hombre más grande que han visto los siglos.[73]

Aquí, el maestro tiró de libro y nos endilgó otro dictado de esos que no se entendía nada, que decía que Colón era «membrudo» y que tenía las «pupilas garzas, rostro encendido, nariz aguileña»; más raro que un perro verde, decía el Ruiz, que, entre su sordera, las pupilas de Colón, que entendió que tenía gafas, y el «agosteño día, tibio y luminoso bajo el azul radiante» en que salieron los barcos, se perdió total, el hombre.[74]

—¿Era Colón español?
—Lo más probable es que Colón fuera español; pero, en todo caso, fue España la que le acogió y ayudó e hizo viable su empresa.[75]

Es que España era en aquel tiempo la única nación del mundo que podía emprender con éxito el descubrimiento y conquista de América. Porque tenía poder, espíritu de aventura, fe religiosa, ideales políticos, carácter emprendedor y hombres experimentados. Todo eso tenía, que lo ponía el libro.

EL HUEVO DE COLÓN

Colón utilizó un huevo de dinosaurio.

Y nuestra Patria fue elegida por Dios para empresa tan sublime como la evangelización del Nuevo Mundo.[76]

Y teníamos también una reina como Isabel la Católica, que hasta sus joyas quiso empeñar en la aventura, y que se apresuró a preparar una flota con tres carabelas y mandarlas para América. Aunque para que se embarcaran con él, Colón tuvo antes que demostrar a la gente que la tierra era redonda como un huevo y que España era la yema.

Parece ser que durante el viaje tuvieron sus más y sus menos, que algunos estaban ya hasta el gorro de tanta agua. Pero cuando estaban a punto de llegar a las manos...

Llegada a la casi hermosísima tierra americana, con la palmera.

Los pobres niños indios no tenían que estar todo el día en la escuela, a palmetazo limpio. Y luego, los deberes. Fíjate la desgracia.

... vieron una tierra hermosísima, casi tan hermosa como España. Era América.[77]

Pero nada más desembarcar y ver el panorama, nos entró la lástima:

A España le dio mucha pena de aquellas pobres gentes de América.[78]

La pena que nos daba era porque se pintaban el cuerpo, no iban a misa y no sabían leer y escribir, que no tenían escuelas. Y el Briones le dijo al Carlos por lo bajo que qué suerte tenían. Pero él no tuvo ninguna, que el maestro le había oído:

—Briones, aquí.

Y Briones fue; y volvió enseguida, soplándose en la mano del palmetazo, tanto ajo y tanta peste para nada. Fue un palmetazo muy tonto el que se llevó el Briones, que si se hubiera esperado se habría enterado de que algunos de aquellos salvajes se comían unos a otros, que lo ponía así en el libro, sería que se mordían mutuamente, un bocado cada uno. Y decía que engordaban a los niños para las matanzas, lo mismo que hacemos nosotros con los cerdos. Y el Briones era gordito y sonrosado; seguro que en su calle jugaba de portero, y porque ponía la pelota. Y enterraban a las viudas vivas con el cadáver de su marido, y a los niños con el de su madre; no sé yo a cuento de qué esto último.

Por eso, la cosa no quedó en llegar y decir aquí estamos, por la cara, que va:

—¿Contentóse España con sólo descubrir América?
—España no sólo descubrió América, sino que la conquistó, cristianizó y civilizó, en casi su totalidad, constituyendo este hecho una epopeya tan grandiosa que raya en lo inconcebible.[79]

Y los mejores españoles se fueron para América, a enseñar a aquellos salvajes «a hablar, a rezar y a vivir». Y también les enseñamos a lavarse y a vestirse y a ir a la escuela, que por eso nos llaman Madre, y no Padre.

Un trabajo enorme que nos costó aquello, porque los indíge-

España no contentóse, ni mucho menos.

nas eran belicosos y «no trabajaban espontáneamente», que había que obligarlos. Y, además, el clima era «dificultoso, rebelde, malsano e imposible todavía hoy, después de cuatro siglos de cultura», que por lo visto no se ha mejorado el clima a pesar de tanto esfuerzo.

Y dimos a Hernán Cortés que venció a miles de indios en Otumba y conquistó México. Y a Alvarado, que, astutamente, mató a los nobles y sacerdotes indígenas. Y a Pizarro, que se le escaparon los cerdos y para que no le regañaran se fue a América a instruir indios y allí hizo como que iba a saludar a su jefe, en plan amistoso, y le apresó cuando estaba desprevenido y le sacó una habitación llena de oro como rescate; que luego tuvo que matarlo, de todas maneras, pero le bautizó antes. Que menos mal que lo mató, al indio, porque en un dictado del *España es así* se veía que éste pretendía «apoderarse por sorpresa de la expedición —yo lo puse con ese, un palmetazo— española, matar a sus componentes, descuartizar a Pizarro y utilizar su cráneo para que en él bebiesen los indios», un traidor total, el indio.

Que «si entonces no se tuvo a estos héroes por maravillosos, fue porque lo inaudito e irrealizable era norma de la vida española», pero ahora sí que nos damos mucha cuenta.

Total, que aquella formidable obra de España fue «pasmo de las civilizaciones» y teníamos que conocer el pasmo, y sentirlo, que lo decía en las *sugerencias*, que iba en ello el jirón más precioso de nuestro honor. Y ponía también que no bastaba con que los niños conociéramos el hecho inconmensurable del descubrimiento, que teníamos que saberlo «como epopeya, la más recia, la más grande, la más luminosa de la historia del mundo».

Y aunque el Briones no había levantado la mano, tuvimos que copiar en esmerada caligrafía:

El 12 de octubre de 1492 es el día más alto de la Historia de España. Y después de la Redención de los hombres por Jesucristo, el hecho ocurrido en tal día, el más glorioso de la Historia Universal.[80]

Para el día siguiente teníamos que comparar la recia epopeya luminosa con las más grandes empresas de la Historia, y yo puse que no tenía comparación, que terminé enseguida y me fui a jugar.

Lo que pasa es que el mundo es injusto con España y con nuestra labor civilizadora y hay «malevolencias internacionales contra nuestro proceder en aquel mundo al que habíamos sacado de la barbarie a la civilización». Fíjate, el desagradecimiento, que cuando llegamos «aquellas miserables gentes vivían embrutecidas como las bestias y en un grado de *abyección* indigno de los hombres», y nosotros les quitamos la abyección y les dimos centeno, garbanzos, lentejas y alfalfa. Y mira qué bien les va, que las lentejas tienen mucho hierro.

> Y hoy ya sabes que América tiene en el Norte y en el Sur naciones que marchan a la cabeza de la civilización y del progreso. En principio, todo esto se debe a España. A esta familia inmensa, formada por ciento treinta y tantos millones de hombres, que hablan la lengua de Cervantes y rezan en el mismo idioma el «*Padrenuestro*», la llamamos *Hispanidad*.[81]

Y esa es otra suerte que tienen los indios, la de hablar la lengua castellana, «hermosa y apta cual ninguna otra de las lenguas vivas». Porque si los llegan a descubrir los ingleses o los franceses, además de haberlos exterminado, como hacen siempre, ahora tendrían que rezar por señas, que el inglés y el francés...

> ... son lenguas tan gastadas, que van camino de una disolución completa.[82]

Bueno, pues a pesar de todo lo que hicimos y de lo que les dimos, hay quien tiene la cara de decir que si el oro, que si la explotación de los indios, que si tal y que si cual. Una tremenda calumnia y hemos de clamar. Y, además de clamar, en los *ejercicios* ponía que teníamos que realizar una defensa verbal o escrita de la Obra de España en América. Y como el Sánchez Peinado tenía el *España es así,* nos repartimos los párrafos. Lo que pasa es que como el libro era suyo, se quedó con el título, que era precioso: *Una te-*

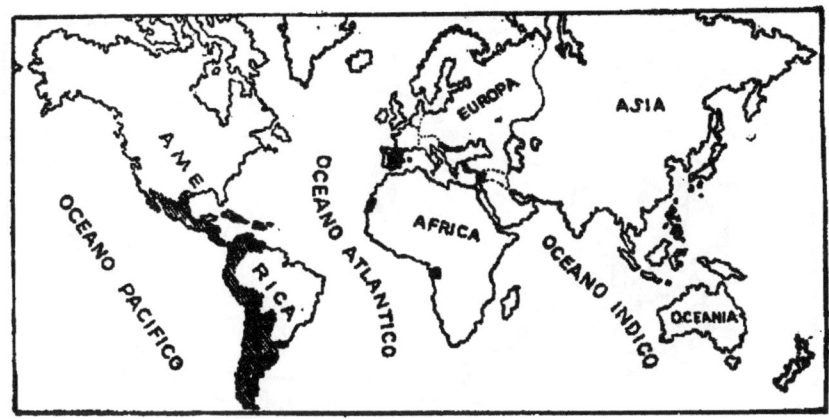

Imperio verbal del castellano.

En toda la parte que queda en blanco, acabarán entendiéndose por señas.

rrible calumnia y una rotunda verdad. Yo tuve que inventármelo, que lo llamé *Mentira podría.* El Sánchez Peinado puso lo de que miles de españoles murieron a manos de los indios pero «siempre se ordenaba a nuestros soldados que respetaran la vida y la casa de los indígenas y que no les ocasionaran ningún mal». A mí me dejó lo de que si los españoles iban a cruzarse de brazos y dejarse matar.

Con lo que pusimos entre todos, quedó pero que muy claro que las mentiras y villanías vertidas sobre la colosal, formidable y gigantesca obra de la noble y calumniada España eran mentiras y villanías. Ya ves tú, como si Pizarro, Hernán Cortés y los otros hubieran cogido carretera y manta para buscar oro y tierras; que lo que buscaban era educar, civilizar y cristianizar a los indígenas, en vez de descartarlos, como hacen otros.

Era el pago a nuestros sacrificios en bien de la religión y de la Iglesia de Cristo.[83]

Mientras tanto, el Imperio se había extendido por todas partes, una cosa enorme, porque «La semilla imperial sembrada por

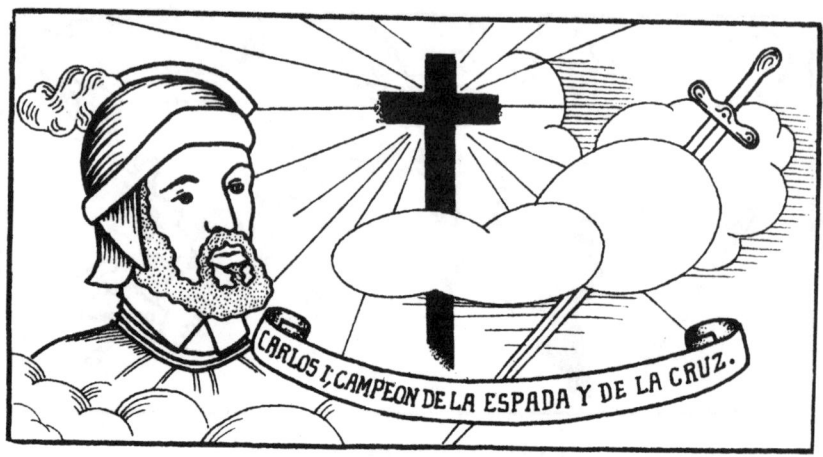

Dibujo en parábola de Carlos Quinto en las nubes.

los Reyes Católicos llega en tiempo de su nieto don Carlos a ser árbol que cubre la tierra», fíjate la parábola.

Carlos i o uve, que se pronunciaba primero o quinto, era emperador de Alemania, y en la letra pequeña ponía que mandaba también en los Países Bajos, en Nápoles, en Orán y en Melilla. Y en más sitios, lo que pasa es que la letra pequeña no se llevaba y no te la tenías que estudiar, aunque Fernandito se la sabía siempre. A mí me tocó *Características del Imperio Español*; muy fácil, no había más que decir que «El gran Imperio Español se caracterizó por una ardorosa defensa de la religión» y te salvabas. El Fernandito, que no le tocaba, añadió que «Carlos I puso, siempre que fue necesario, la espada al servicio de la Cruz». Sería en la letra pequeña.

Para casa, teníamos que leer varias veces la lectura de la lección y hacer en el cuaderno un resumen de la misma. La misma era otra guerra, pero muy rara; porque a Padilla, Bravo y Maldonado, que los ponían muy bien en la lectura, les cortaron la cabeza por orden de Carlos I, que lo ponían muy bien en la lección; aunque tenía la mandíbula inferior prominente. Y como yo no quería líos, copié un párrafo tal cual:

Pues menos mal que tenían razón, que si no los multan también.

Así terminó una guerra, que si tuvo por origen una justa protesta por la intromisión extranjera, tuvo por final la no menos justa lección de un rey que, seguro de lo que en cada caso debía hacer, no consintió nunca que ningún súbdito se tomara la justicia por su mano.[84]

Y me fui a jugar.

Parece ser, que me enteré al otro día por el dictado, que con Carlos I los españoles tuvimos «la visión profética del gran imperio español» y que a los descabezados lo que les pasó es que les falló la vista y no se dieron cuenta, los pobres:

Fueron hombres equivocados que no supieron ver que España se preparaba para empresas de alto rango; ni acertaron a adivinar que Carlos había sido elegido por Dios para extender el imperio español y con él el de la cristiandad.[85]

Además de a éstos, que los llamaban los Comuneros, este rey venció también a los comunistas. Lo ponía en una poesía que venía en el libro de lecturas y que el Briones recitaba cada dos por tres, como un poseso:

*El rey Felipe Segundo / quiere estar muy ocupado / en llevar por todo el mundo /
el Evangelio sagrado.*

¡Carlos Quinto, Carlos Quinto,
emperador español! ...,
¡en tu Alcázar de Toledo
no entraron los rojos, no![86]

Luego dimos a Felipe segundo, que fue un rey «muy prudente,
católico y poderoso» que tenía los ojos garzos, otro que tal, y el
labio de arriba chiquitillo. Y en sus dominios no se ponía nunca
el sol, y no le flotaban los barcos. Y ganó en San Quintín y en Lepanto. Debió de hacer alguna cosa más, porque no me pusieron

Vista desde la Luna del Imperio español.

más que un cinco. Pero es que yo sólo decía lo más importante, no como otros.

España fue entonces el imperio más grande que ha habido en la tierra, mucho más grande que el de Alejandro y el de Roma. Que por eso se llamaba la lectura *España, Yema del mundo.*

A los siguientes reyes los dábamos de tres en tres, porque no hacían más que una cosa cada uno; que Carlos II era débil y enfermizo; Felipe IV se dedicaba a la caza; Carlos III expulsó a los jesuitas y Carlos IV perdió en Trafalgar. Aunque casi seguro que me he saltado alguno. Y era una época de relajación y de inmoralidad.

A esa velocidad, de lunes a jueves nos plantamos en el dos de mayo de 1808. Los labriegos, los pastores y los nobles potentados se alzaron airados; que sigo sin saber qué es un noble potente. En Bailén, Zaragoza y Gerona nos cubrimos de heroísmo sublime luchando contra Napoleón que dijo: «Tengo una mancha en mi ropaje», que, en el fragor, no se le ocurrió otra cosa al hombre, y le hicimos probar el amargo sabor de la derrota. Y nos ayudaron los ingleses, que la última vez que los dimos eran protestantes y

España, relajada e inmoralizada.

no desperdiciaban ocasión de ofendernos y atacarnos, pero que habría pasado algo, digo yo, una conversión o lo que fuera.

Los años siguientes no fueron muy importantes: las Cortes de Cádiz, Fernando VII, la Guerra Carlista, Isabel II, Amadeo de Saboya, la Primera República y Alfonso XII, se daban en dos días. El disgusto te lo llevabas al tercero, cuando perdíamos el imperio colonial de pronto, sin esperártelo: «Todas las colonias españolas de América, excepto Cuba y Puerto Rico, se hicieron independientes a raíz de nuestra Guerra de la Independencia».

Y en la pérdida colaboraron los ingleses, que la última vez que los dimos eran amigos y luchaban en España ayudándonos contra los franceses, pero que habría pasado algo, porque

> ... ninguna nación ha sido más cómplice y causante de nuestra ruina imperial que Inglaterra.[87]

También tuvieron mucha culpa las logias masónicas en su afán de debilitar a la católica España. Yo lo digo como lo pone el libro, ¿eh?, que lo mismo es una errata y son locas mesoneras o algo.

Pero la *lectura* de la lección iba de que los Estados Unidos estaban detrás del asunto y azuzaban a cubanos, filipinos y puerto-

Vista de lo que quedaba del Imperio español. Donde pone África es Puerto Rico.

rriqueños contra nosotros. Fíjate, que le metían fuego a un barco suyo y nos echaban la culpa y nos declaraban la guerra y nos ganaban. Pero la victoria les costó cara, que nos dieron 20 millones de dólares y se enteraron de lo que era enfrentarse con españoles.

En la misma guerra de Cuba ganó los laureles de la inmortalidad un simple soldado que se llamaba el héroe de Cascorro, que era inclusero y le tocó en suerte ir a la guerra y allí cogió una lata de petróleo y se fue para el fuerte enemigo y, aunque le acribillaron por el camino, consiguió llegar y meterle fuego. «Había muerto el hombre, pero había nacido el héroe.» Tiene una estatua.

Decía el dictado que España supo ser generosa, y por ello sus hijos la miran con amor y respeto y después de siglos, cuando dirigen sus ojos hacia el Océano, allí donde, lejos, está España, la llaman Madre Patria, y sus ojos se nublan de lágrimas... Echarnos, nos echaron; pero les dio mucha pena. Luego, con el paso del tiempo, España se convirtió también en Suegra:

> Durante los siglos XVI, XVII y XVIII, todas las naciones americanas de origen español continuaron unidas a la Madre Patria. Des-

Cascorro con la lata.

pués, como *hijas casadas,* se han ido independizando políticamente ...[88]

Por un dictado me enteré yo de que perdimos el Imperio porque interrumpimos la defensa del nombre de Dios y nos convertimos en juguete de los vientos pasionales, que otras veces los llamaban alisios. Nos fuimos tras imitaciones extranjeras, y claro; que en el extranjero se creen que los analfabetos y los desconocidos pueden guiar a los hombres de rango y cultura; fíjate.

Aquel dictado terminaba con un trabalenguas muy difícil, más que el del cielo enladrillado:

> Nuestro pasado nos aguarda para crear el porvenir. El porvenir que habíamos perdido lo hemos vuelto a encontrar en el pasado. ¡El porvenir de España unido después de tres siglos al destino del pasado![89]

Lo cual, que con escribir una cosa así ya tienes bastante, para encima saber lo que significa. Además el Ruiz le había jurado al

PERDIDA

DEL

IMPERIO

Así nos quedamos por imitar modas extranjeras.

Briones que como volviera a levantar el brazo en clase se lo retorcería a la salida.

Pero, donde menos se espera, salta la liebre; hombre. Al día siguiente nos enteramos de todo, que nos faltó poco para aplaudir, de la misma sorpresa:

Hoy renace el Imperio de España ...[90]

¡Toma, toma y toma! El mundo está en peligro y le vamos a redimir como hace tres siglos, que es la tarea que Dios había guardado para la España de ahora. Y el Ruiz que no vino aquel día, que tenía anginas, ¡cuando le conté que íbamos a ser otra vez nación excepcional y sujeto de la Historia...!

¡Arriba España!

Imposible el alemán

La última lección de la Historia de España trataba del Alzamiento Nacional, otra guerra. Esta vez era porque:

> En España había ya muchos socialistas y muchos masones y muy poco temor de Dios. Los socialistas excitaban a los pobres contra los ricos. Los masones querían que hubiera revolución.[91]

Yo le tuve que explicar al Briones que masones eran los que iban con las masas, que es que no se entera de nada. Y a esta gente, por lo visto, lo que le pasaba es que estaban envenenados por lecturas perniciosas y por eso renegaban de su Patria. El Ruiz lleva una lectura perniciosa de esas en la cartera, y la enseña si le das una perra gorda; pero ninguno de los que la ha visto reniega. Claro que otro efecto de esas lecturas es que olvidas la religión sacrosanta, y eso sí pasa mucho, la verdad; que ahora mismo, por ejemplo, no recuerdo la diferencia entre Bienaventuranzas y Dones, que con unos obrabas con facilidad y expedición, pero no caigo con cuál. Con las mismas, el rey cogía y se marchaba para que tuviésemos la fiesta en paz, que ganó las elecciones por veintidós mil a cinco mil, pero fue una última generosidad de la monarquía; y las calles se llenaban de camiones llenos de mujeres alegres y de malos estudiantes, que encima que no estudian se montan en camión. Y cantaban coplas chabacanas. Los socialistas, los masones, los separatistas, las mujeres alegres y los estudiantes eran un puñado de infames. Y los mineros revolucionarios de Asturias, que también salían.[92]

Pero esta vez no ponía que la culpa era de Inglaterra, que vete tú a saber...

> Rusia había soñado con clavar la hoz ensangrentada de su emblema en este hermoso pedazo de Europa, y todas las masas comunistas y socialistas de la tierra, unidas con masones y judíos, anhe-

Rojo con pañuelo a la cabeza él, dando explicaciones. Lo más seguro es que sea masón, también.

laban triunfar en España, tomándola como peldaño de oro para triunfar en el mundo.[93]

Y, todos juntos, querían acabar con el respeto de los hijos a los padres, con la unidad de la Patria y con la propiedad, oye. Lo cual que mataron a José Antonio, que con verbo profético iluminaba con luces de Imperio a una Patria en trance de ruina; que los verbos proféticos no los hemos dado todavía, que yo recuerde. Y a Calvo Sotelo también lo mataban, que era un genial estadista y protomártir que dirigía enérgicos apóstrofes al Gobierno y debió de darle a alguien. Además querían imponer una bandera que no era la roja y gualda por la que habían muerto los héroes, fíjate qué brutos, que eso es como cambiar de madre.

En ese plan, pues pasaba lo que pasaba: que se ponían frente a frente la España y la Anti-España. Y parece ser que de resultas acababan también enfrentados el Espíritu y la Materia, el Bien y el Mal, la Verdad y la Mentira. Eso venía en *La Historia de España contada con sencillez,* que por eso lo entendíamos todo perfectamente. Bueno, menos algunas cosas, como lo de la boina de Martínez, por ejemplo:

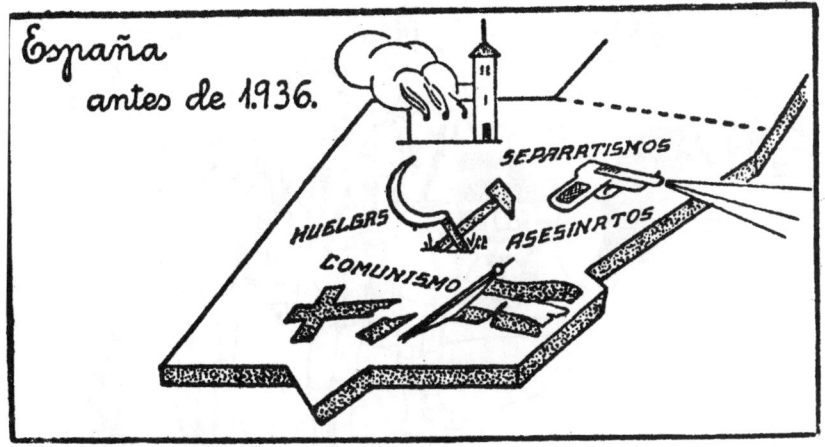

El sueño de Rusia tenía a este país hecho unos zorros.

Ya estaban, pues, en marcha, en pie militar, todas las verdades de España, todos los elementos invariables de su esencia y definición: lo religioso, lo monárquico, lo militar, lo unitario o nacional. Todo unido, todo junto y en haz. Ya no le falta ningún cuarto a la boina de Martínez Campos.[94]

Pero, aparte lo del gorro más o menos completo, está también la misma Providencia, que siempre ha velado por nuestra Patria, que no hace otra cosa, la verdad. Y Dios no iba a permitir que España feneciera, después de lo que hemos hecho por Él.

Y entonces surgió el hombre, el salvador, el Caudillo.[95]

Franco. Se llama Franco y yo lo he visto un montón de veces en el cine, que sale siempre antes de las películas. Y en las lecturas sale también muchísimo, que en una dice que es el valor sereno, la idea clara, la voluntad firme y la sonrisa; me creo. Y en otra, que procura ganar los corazones enemigos a fuerza de hacer el bien; y está adornado de las más excelsas virtudes de la raza, que será la blanca.

Me acuerdo yo, una vez dimos que cuando era niño se cayó de

Nuestra bandera

En las calles redoblan los tambores y can-tan las cornetas con sus lenguas de metal. La tropa marcha con paso exacto y ritmo decidido. Sobre las filas apretadas destaca la bandera española sus colores vivos.

La bandera es roja y gualda. Está hecha con la sangre de España y con el polvo dorado de nuestras tradiciones más santas. Por eso es como el alma de la Patria, como la Patria misma.

La bandera es el tesoro que los españoles muer-tos nos dejaron como herencia y para su custodia. Muchos miles de antepasados nuestros dieron durante siglos su vida por defenderla. Otros la llevaron victoriosa por todos los rincones del mundo. Ella fué testigo de nuestras alegrías y llo-ró con las desgracias que a veces afligieron a la Patria.

Por eso es una gloria morir por ella y un deber sagrado honrarla y defenderla.

¡Cómo vamos a cambiarla, hombre! Y con lo que me costó escribirlo en esmera-da caligrafía.

EL GENERALÍSIMO FRANCO, INVICTO CAUDILLO DE ESPAÑA

Franco, adornado con las excelsas.

cabeza de lo alto de una farola y se dio una morrada tremenda, pero no exhaló nada; que la mayoría de los niños, cuando nos caemos de lo alto de las farolas, y más si es de cabeza, exhalamos y chillamos como marranillos. Y por eso es un honor servirle y un orgullo obedecerle. Además, que mientras viva, ningún dragón impedirá a los niños reír y gozar, creer y soñar... Y lo está cumpliendo, vaya, que ninguno hemos visto un dragón.[96]

Bueno, pues Franco echó una ojeada y enseguida se dio cuenta de que la España eterna, forjadora de Imperios y Madre de naciones, estaba a punto de sucumbir ante las hordas del comunismo, que eran enemigas de Dios y azote del mundo actual, como se sabe. Y como tiene un talento extraordinario y un recio y varonil amor a su Patria, en un prodigio de sagacidad y audacia levantó al ejército contra el Gobierno traidor y se lió la guerra. Que los que no llevan gafas la llaman civil, pero es por la anormal convergencia del cristalino:

Sabor de Cruzada y decisiva trascendencia universal adquirió enseguida la contienda que los miopes juzgaban guerra civil.[97]

Si en vez de una Cruzada ves una guerra civil, es que necesitas gafas.

Esta es de las más fáciles de aprender, porque se repite casi todo lo que hemos dado ya.

> Toda la mejor Historia de España parece que se agolpa y resume en la Zona Nacional.[98]

Así, de la guerra esta podías decir perfectamente que se trataba de una nueva Reconquista o que luchábamos otra vez por nuestra Independencia; y ésas ya las habíamos dado. Estaba también Napoleón, que ponía en el libro que entraba en España detrás de la masonería, que estaría ya muy mayor el hombre. Y Lutero, otro muy antiguo, que tenía yo la idea de que se habría muerto, y éste entraba entre los impíos; como los turcos, que estaban detrás de los bolcheviques, que eran unos que no habían salido hasta entonces, que ponía en la lectura que eran asiáticos y destructores. Y salía Guzmán el Bueno, el del puñal, que ponía que había resucitado en el coronel Moscardó; mira la sorpresa, con *aparecidos* y todo. Y en un sitio que se llamaba Santa María de la Cabeza, pasó talmente como en Numancia. El mismo Alcázar de Toledo, sin ir más lejos...

> ... fue un Sagunto bautizado y hecho cristiano.[99]

Franco hacía de Cid Campeador, que lo dimos en una lectura del *Temple Juvenil* que se titulaba «El Cid ha vuelto» y se veía claramente que los dos eran conductores, guías, expertísimos Capita-

Sagunto, o Numancia, o el Alcázar, o el Escorial.

nes y Caudillos. Igualicos, igualicos. Y eso que de Franco se dicen más cosas...

A los anti-España, materias, malos y mentirosos les ayudaba Rusia, con todo descaro, y otras naciones solapadamente. Y, además, naciones que se dicen defensoras de la justicia, como Francia y ¿quién dirías? ¡Inglaterra!, atendían a los turbios manejos de uno que se llamaba don Funesto Negrín. Y, claro, sin medios ni escopetas la victoria parecía lejana e insegura.

Pero no. Que era una prueba más que Dios nos imponía, que lo hace de vez en cuando para purificarnos de nuestros errores y hacernos de nuevo sus hijos predilectos.[100] Y en cuanto que nos purificamos, España recuperó su destino histórico: que así es como se dice a lo fino que ganamos. Aunque, para bonito, como lo cuenta el *Panoramas:*

Los soldados de España llevaban alas en el corazón y ardientes amores en las puntas de las bayonetas, y a flor de primavera la Vic-

Franco, o el Cid, según se mire.

toria coronó con laureles las sienes del Ejército invencible en las de su invicto Caudillo.[101]

Y las banderas victoriosas alumbraron mucho, con amanecer de primavera gloriosa; que aquello tuvo que ser precioso aunque hubiera que madrugar.

Y yo no sé la de veces que nos salió lo de cautivo y desarmado el ejército rojo; un montón. Lo tuvimos que copiar en esmerada caligrafía, y me parece que también en el cuaderno rotatorio.

De esta prueba dolorosa y gloriosa salió *España una, grande, libre,* sin deudas ni claudicaciones y con bríos para reorganizar su vida interior y mantener ante las otras naciones sus derechos con firmeza de yunque y majestad de Imperio, enseñando a todo el mundo una vez más cómo se levantan los ojos a Dios y se aplican la inteligencia, el corazón y las manos a la justicia y al trabajo. Esta lucha heroica y singular ...[102]

El mismísimo amanecer de primavera gloriosa ese.

Entonces, el maestro le dijo al Sánchez Peinado que había leído bien y que me pasara el libro para que continuara yo desde esta lucha heroica y singular en adelante. Y yo continué: que si era el hecho más importante en la lucha general del mundo contra el marxismo, el judaísmo y la masonería...; que si las grandes naciones que han dirigido esta lucha son nuestras amigas Alemania, Italia, Japón...; que si se enfrentan valientemente al pretendido dominio de las que se llaman democracias... Y se formó un lío, que el maestro me dijo que qué estaba diciendo. Ya ves, ¡pues lo que ponía!, ¡no me lo iba a inventar...! En éstas, que se viene para mí y cuando me creía yo que me la había cargado por algo, va y me quita el *España es así* y me da otro exactamente igual, fíjate qué cosa, oye, pero más nuevo. Y me dice que empiece otra vez. Con las mismas, que me voy a la *lucha singular* y allí no ponía ya nada de marxismos, judiadas y masones; las naciones amigas tampoco aparecían por ninguna parte... Allí hablaba del yugo alemán, de que a Italia la habían echado de África y de que los japoneses eran unos asesinos...[103] Pero yo, tranquilo; leí un rato bien.

El que sí se la cargó por una cosa parecida fue el Ruiz, que le compraban los libros de segunda mano, o se los daban las señoras esas de los pobres clasificados, pero que tenía uno que se lo vio el maestro y le dijo que de dónde sacaba esas cosas y se lo quitó y tuvo que venir la madre, y un lío, que por lo visto fue por la bandera. Que, por cierto, el Briones tenía un *Símbolos de España* más raro que un perro verde, que en la portada se veía a Santiago el apóstol, como en otros; pero su Santiago no llevaba el banderón de España, ni el escudo con el escudo. Este Santiago llevaba una bandera esmirriada de otro país. ¡Y no le decían nada!

El caso es que ganamos y que en el *Glorias Imperiales* ponía que hemos tenido reservas morales suficientes para salvar otra vez a la civilización occidental y cristiana:

> ESPAÑA, que llegó a mandar en casi todo el mundo, que tiene libros tan hermosos como el «Quijote»: ES LA ÚNICA NACIÓN DEL MUNDO QUE HA PODIDO MÁS QUE LOS COMUNISTAS.[104]

El asunto de las banderas...

Y, no es por nada, pero es que nos pasamos todo el tiempo defendiendo a la civilización esa, y dice el Ruiz que a ver si espabila y se busca la vida, que es muy cómodo eso de estar todo el tiempo: ¡España, los moros! ¡España, los turcos! ¡España, mira éste! Lo que pasa es que el Ruiz vive como vive y no acaba de coger eso de que nuestro destino histórico es el de faro y norte, luz y guía del mundo.

Porque es que hay que ver la de cosas que hemos hecho por el mundo. Ocho, concretamente:

1.ª Humanización y espiritualización del Imperio Romano.
2.ª Conversión y civilización de los bárbaros.
3.ª Expulsión de Europa de las huestes agarenas.
4.ª Derrota de los turcos en Lepanto.
5.ª Defensa de la civilización cristiana y del espíritu grecorromano contra el protestantismo.
6.ª Descubrimiento, conquista y civilización de América.
7.ª Derrocamiento del imperio espúreo de Napoleón I.
8.ª Aplastamiento del bolchevismo ruso-asiático.[105]

Lo de las huestes agarenas esas tuvo que ser cuando la comunión de mi primo, que fue muy *costeá* y me dio un cólico de los pasteles y falté dos días. Pero todo lo demás es exacto y yo lo he dado. Lo que pasa es que faltan cosas, que hemos hecho muchas más. Por ejemplo, no viene lo de la Reconquista y los moros; ni lo de la cicuta del Alcorán, que hemos salvado a Europa dos veces de la cicuta esa. Tampoco viene en la lista lo de la herradura:

> Proclamemos también en alto que España no ha sido nunca un país atrasado, pues desde los primeros tiempos realizó inventos tan útiles como el de la herradura, que enseñó a los pueblos más adelantados de la tierra ...[106]

No sólo la herradura, ¿eh? En una lectura pone que de tres mil trescientos noventa y cinco inventos que se inventaron en 1933, dos mil trescientos ochenta y uno son de españoles. El submarino, lo inventó Isaac Peral, un español; y el autogiro, Juan de la Cierva, otro español. En Estados Unidos, Alemania, Inglaterra y Francia se dedican a la construcción de autogiros, y Francia los va a vender a veinticinco mil o treinta mil pesetas.

La Familia misma, puede decirse, es un invento español: «de tiempos de los españoles prehistóricos es una pintura en una cueva de Albacete en la que se ve una madre llevando amorosamente a sus hijos de la mano», pone en un libro, que lo mismo iban camino de la escuela...

> Ya entonces fue sagrada entre nosotros la familia; y el amor de las madres, la prenda más dulce del corazón ...[107]

De tanto inventar y de tanta aportación viene el que un sabio extranjero haya dicho que...

> El nombre de España llena aún el mundo, como cuando no se ponía el sol en sus dominios.[108]

Que no decía quién era el sabio. Lo mismo se refiere a Edison, que inventó las bombillas y nos estará tan agradecido el hombre. Porque cuando no se ponía el Sol, figúrate qué ruina; pero ahora, que anochece todas las tardes, pues venderá bastante.

Y es que hemos sido y somos los más en muchísimas cosas:

> La España de nuestros días es la nación del mundo en que las familias se quieren más y más unidas se mantienen.
> ... un español, San Isidoro, escribió *Las Etimologías,* libro considerado como el más famoso quizás de aquellos tiempos.
> ... con el Rey Alfonso X el Sabio, tuvimos más ciencia que toda Europa ...
> ... nuestros teólogos dieron al mundo lecciones del mejor saber en el Concilio de Trento.
> La lengua española es una de las lenguas más hermosas y más sabias y más habladas en toda la tierra.
> La empresa más grande que han realizado los hombres: descubrir un mundo, la realizaron España y Colón.[109]

En el *Panoramas* ponía que hemos dado tanta luz al mundo que casi lo achicharramos.[110] Y hemos podido con todo eso porque somos una raza de acero —lo pone así y el maestro dice que es correcto—, capaz de las más colosales empresas. Lo que pasa es que no se nos nota mucho:

> Nos pasa a los españoles como a nuestras flores y frutas. Las otras de Europa —las rosas de Holanda o las peras de Francia— tienen quizá más lucida apariencia en los escaparates del mundo, donde se enseñan envueltas en papel de seda o con lazos de colores. Pero son sosas y sin olor. En cambio, con menos apariencia son más *verdad,* más honradas, más sabrosas y fragantes las peras de Galicia, las naranjas de Valencia o las rosas y claveles de Sevilla.[111]

Total, que los españoles es que somos la pera; la pera honrada, por mejor decir. Una raza sin par de místicos y caballeros, de capitanes y conquistadores, de santos y ascetas, decía el libro. Aunque ni el Ruiz ni yo sabemos nada de los ascetas esos, que lo comentamos. De los santos, sí; claro. Como que hay para llenar un libro; el de *Santos Españoles,* concretamente. Y no te cuento de capitanes, conquistadores e, incluso, militares sin graduación. El caso es que aquí no pasa como en otros sitios:

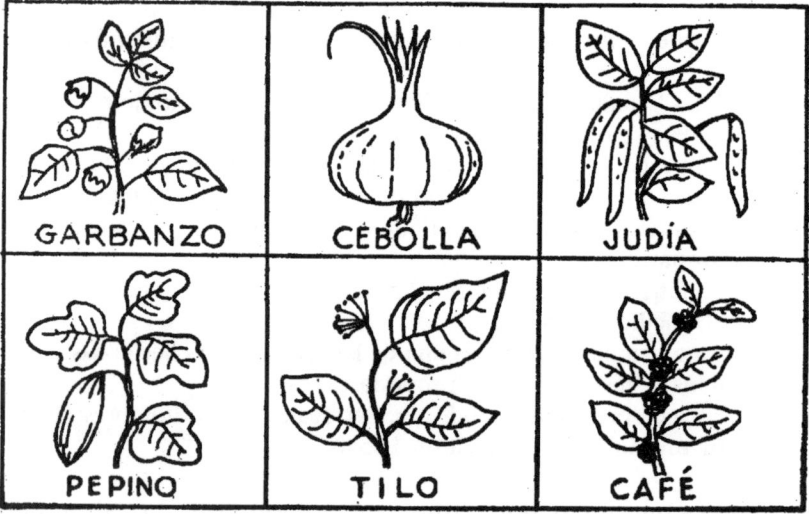

Garbanzos, cebollas, pepinos y otras plantas españolas. Poco aparentes, pero honradas ellas a carta cabal.

El tipo corriente en otros países es el banquero o el hombre de negocios, cuya vida se orienta hacia el lucro. Por el contrario, el tipo español por excelencia es el caballero cumplido, creyente, cortés, respetuoso y esforzado, que dedica todas sus energías a la defensa del desvalido y al triunfo de la verdad y del espíritu.[112]

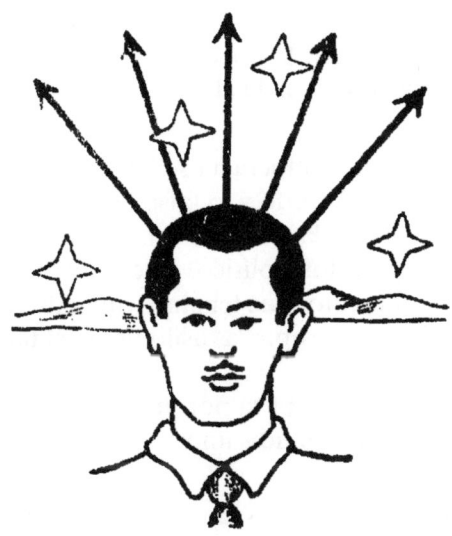

Tipo español. Lo que le sale de la cabeza son valores eternos, de los que es portador. Las estrellas... lo mismo es que se ha dado un golpe, oye.

Pero la civilización esa no se entera. Mucho banquero suelto es lo que hay por ahí. Y mucho liberalismo y mucha democracia, que son los sistemas políticos que están deshaciendo al mundo. Ya ves tú, el liberalismo, que pone que encomienda todo al azar de los hombres y no cree en la Providencia; que hay que estar ciego para no creérsela, que no hay lección en que no salga, que se pasa la vida poniéndonos a prueba. Por si no era bastante, el liberalismo defiende además la libertad de conciencia y la libertad de pensamiento y de enseñanza, que están condenadas por la Iglesia. Y es un virus, cuyos engendros son el socialismo, el comunismo y el anarquismo.

Si a los ciudadanos de un Estado se les consiente que cada uno piense en política como quiera y obre según piense, en lugar de un pueblo organizado tendremos un caos social.[113]

Y ya ves tú, la democracia; otra que tal baila, que pretende que sea el pueblo quien gobierne...

Encomendar al pueblo, que no ha estudiado ni aprendido el difícil arte de gobernar, la responsabilidad de dirigir un Estado, es una insensatez o una maldad.[114]

Además, que en la democracia se lleva mucho votar, y ya José Antonio demostró lo absurdo y lo falso de esto, que si la gente vota que Dios no existe, fíjate la tontería. Y luego, pues pasa lo que pasa, que aparecen los partidos políticos que se dedican a luchar entre sí y fundan el Parlamento, que tenemos que saber que es una institución corrompida y corruptora, asilo de presidiables y ladronera de piratas.[115]

A nosotros eso no nos pasa porque España es un Estado totalitario. Total: que sólo manda uno.

—¿No hay, pues, en España división de Poderes?
—En España no hay división de Poderes, sino unidad de mando y de dirección y, bajo ella, orden y jerarquía.[116]

Lo que ocurre es que el nuestro no es un Estado totalitario como otros, sino entendido rectamente. A saber: está el Estado totalitario materialista, que rebaja al hombre a la categoría de bestia a cambio de placeres sensibles. Luego viene el Estado totalitario panteísta, en el que no eres una bestia pero queda anulada la personalidad y no te dan nada a cambio. La tercera clase de Estado totalitario es la cristiana, que es la buena, porque conduce a la prosperidad de la Patria y al bienestar de la sociedad y de los individuos. Menos el Ruiz, que dice que estamos en ese que no te dan nada, los demás de la banca vivimos en el Estado totalitario cristiano.

El virus ese del liberalismo, ampliado.

Por eso, la obediencia es el primer deber de todos. ¡Anda que no venía claro en el *Así quiero ser*!:

> Nosotros, los subordinados, no tenemos más misión que obedecer. Debemos obedecer sin discutir. Quien manda sabe lo que hace y por qué lo hace ... Los españoles tenemos la obligación de acostumbrarnos a la santa obediencia ... ¿Y quién juzga al que tiene el máximo poder? Dios y la Historia. A uno y a otra dará cuenta. Lo demás no es de nuestra incumbencia.[117]

Y así estamos estupendamente, que Franco nos ha devuelto la Patria y un montón de cosas más: un destino, una fe, una conducta, una voluntad nacional y una sed de imperio. A cambio, le hemos aclamado como Caudillo de España y así no debe su posición altísima a los votos ni a la voluntad complaciente de nadie. Y, luego, que es el ciudadano mejor, el más selecto, el superior e indiscutible; y la personificación de España. Casi nada. ¡Ah! y muy trabajador, muy religioso y muy buen padre de familia.

Este buen hombre conduce a España por medio de consignas que las saca de los mismos símbolos del nacionalsindicalismo. Por ejemplo: Franco se queda mirando la bandera de Falange, ¿no?, que es rojinegra con franjas verticales, ¿no? Bueno, pues enseguida se da cuenta de que eso quiere decir que la autoridad se ejerce de arriba abajo y que debe hacerse lo que quieran los mejores, no los más; fíjate, lo que sabe. Y cuando mira el *yugo* y las *flechas,* igual. Tú le dices a cualquiera: ¿qué ves?, y te contesta: unas flechas esturreadas y un palo torcido. Franco, no. Primero, que sabe lo que es un yugo; y luego, que lo mira un rato y enseguida ve cosas; todo junto, una cruz. Que sólo la ve él, y que significa que somos de Cristo. En las flechas ve sueños imperiales, y en el yugo, disciplina. Ver cosas en la camisa azul no tiene ya tanto mérito porque José Antonio lo dejó dicho: «el azul es un color entero, serio y proletario porque Falange es rotunda, varonil y firme». Que quién lo hubiera dicho del color azul, tan normal que parece al pronto... La Bandera ya es más fácil: hasta el Briones es capaz de decir que representa a la Patria. Y yo mismo puedo ver que es la imagen de nuestra Historia, de nuestras tradiciones y de las glorias de nuestro pasado. Lo de las epopeyas de nuestros abuelos, eso ya se queda para Fernandito, que es tan listo. Y, desde luego, lo que no veo por ninguna parte, por más que miro, es lo de la inmortalidad de nuestra raza y la promesa cierta del glorioso porvenir de nuestro Imperio.[118]

En cuanto que terminabas la bandera, tocaba ya lo de Una, Grande y Libre, que llevaba varias escrituras esmeradas. Y dictados; que por un dictado me enteré yo y resulta que es UNA, con todas las letras mayúsculas, porque España no tiene más que una voluntad, una doctrina, una obediencia y un Caudillo, que suman cuatro, pero que es un misterio. Es GRANDE, porque vamos a extender nuestro imperio espiritual por todos los pueblos hispánicos y por África, «donde está nuestra natural expansión»; que si nos expansionamos, digo yo que será en barco, que hay mar de por

Esto es como lo de la Trinidad, un sí pero no. Son flechas, pero no son flechas; que son sueños imperiales. Y así.

medio. Y es LIBRE, «porque no está esclavizada a los estados capitalistas judaicos»; que para eso los echamos, que somos unos adelantados y ahora nos dan la razón.

Nosotros ahora lo que tenemos que hacer es defender el nombre de España contra las viles calumnias de los extranjeros y contra la envenenada perfidia de los malos españoles, que me creía yo que no había quedado ninguno y lo mismo va y se lía otra vez; que a lo mejor por eso *El muchacho español* dice que nos preparásemos a la lucha y al esfuerzo, cultivando la voluntad y robusteciendo los nervios y la salud para hacernos duros y nobles como buenos soldados, dispuestos para la gloria y el sacrificio.

No es posible luchar con los otros hombres si se carece de fuerza y de salud. La vida es una guerra; todos los hombres somos soldados ...[119]

Muchachos de cuerpo equilibrado y ecuánime. Encima, se ríen.

Lo que nos faltaba a nosotros es el Briones de capitán, con el cuento de la robustez. Claro que más adelante ponía también que nuestro cuerpo tenía que ser ágil, sano, limpio, hermoso, ecuánime, robusto y equilibrado; y ahí me parece que ninguno de nosotros iba a pasar de *corneta,* que no había más que ver cómo nos poníamos las manos y la cara con la tinta. ¡Pues anda que el Ruiz! Valiente sí que era; menos a los de la banca, había zurrado a toda la clase por un motivo o por otro...; pero las rodillas que me llevaba... Yo creo que con esas rodillas no le iban a dejar ser ni del enemigo. La verdad, es que creo que a ninguno de nosotros... Porque, lavarte, te puedes lavar; que tampoco veo yo la necesidad si luego en la guerra estás todo el tiempo por el suelo, avanzando con los codos...; pero un cuerpo ecuánime, lo que se dice ecuánime, no me parece que tengamos ninguno.

El caso es que para tener brío, tesón y voluntad empeñosa es necesario gozar de buena salud, y resulta que los enemigos de nuestra vida no descansan y nos atacan en forma de vicios, enfermedades y fatigas.

Chiquillo arruinando su salud ante la pasividad de su madre.

Los excitantes como el café, el tabaco, el alcohol, los periódicos, la política, el cine y el lujo, minan y gastan sin cesar nuestro organismo.[120]

Que se lo tengo que comentar a mi padre yo esto, que dice anda medio pachucho y lo mismo es de leer el periódico.

Claro que si España pide, que lo pide, hijos fuertes y animosos que sean buenos soldados, hábiles para la victoria, para la obediencia o para la muerte, también puede ser por la misma sed de imperio que nos ha devuelto Franco; que la llevamos en la sangre desde los celtas, de quienes heredamos las costumbres guerreras de aventuras, el espíritu idealista y el afán de luchar en otras tierras. Y como hoy renace el Imperio de España y tenemos una misión providencial e histórica, lo mismo tenemos que conquistar algo; no me extrañaría.

—¿Y cómo alcanzará España su Destino en lo Universal?
—Por la influencia que ejerza sobre otras naciones y también por las conquistas.[121]

Y, para mí, que ahora les toca a los negros. Yo lo digo porque en mi enciclopedia pone que África es un continente habitado por pueblos incultos incapaces de regirse por sí solos. Y eso es ponérnoslo a huevo; que se ve claramente que nos necesitan muchísimo. Y luego, que se trata de gente primitiva y salvaje, que habita en chozas y practica las más curiosas costumbres guerreras y religiosas, y ni colegios, ni lavarse las rodillas, los calcetines caídos... talmente como los indios americanos. Y ésos se nos dieron de perlas... Unos cuantos Pizarros y Corteses, dos mandobles, un estacazo al jefe... *chupao,* está *chupao.* Y expediciones heroicas puedes hacer las que quieras; que aquello está abarrotado de selvas enmarañadas habitadas por toda clase de fieras y alimañas, que lo mismo hasta hay gallinas salvajes y currucas de esas que comen insectos por millones. Además, están ahí mismo, como si dijéramos.

> Este es el Imperio que queremos restaurar, llevando otra vez a lejanas tierras el nombre de la Patria y llevando de nuevo el nombre de Cristo a quienes aún no lo conocen. El mar nos brinda caminos. Y África nos ofrece el tesoro de sus hombres salvajes y de sus selvas medio vírgenes.[122]

Va a ser una lucha terrible. Yo le calculo que peor que la que tuvimos con los indios, porque los indios no eran antónimos, y los negros, sí.

A la conquista de África se puede ir, bien por Espíritu de Imperio, bien de encargo. Por una lectura que se llama *Los flecos del Imperio,* que se da en Geografía, después de la *Riqueza industrial y minera de España,* que por eso no me lo sabía, me entero de que, en plan imperial, ya habíamos estado en África. Ni el Ruiz ni el Sánchez Peinado lo sabían tampoco, que eso nunca lo dimos cuando el Imperio; a lo mejor venía en la letra pequeña. Y de encargo también hemos ido, que las naciones europeas nos han asignado en el norte de Marruecos una zona que hemos de civilizar y proteger:

> No convenía la proximidad de moros incultos, y nos comprometimos ante las demás naciones a llevar a este territorio carreteras, ferrocarriles, escuelas, etc., para levantar la cultura de sus habitantes.[123]

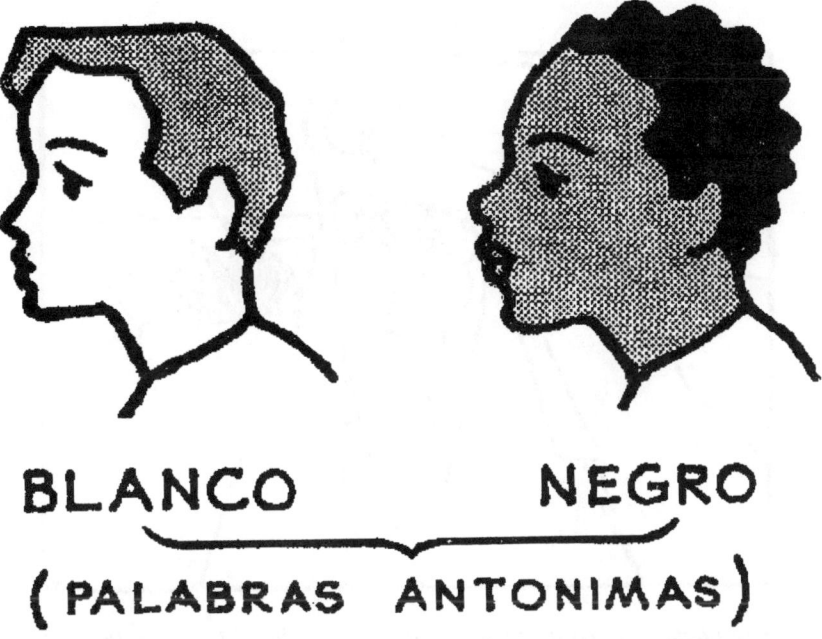

BLANCO   NEGRO

(PALABRAS ANTONIMAS)

Los negros son antónimos nuestros, y eso es lo peor que nos podía pasar.

Que después de ocho siglos de *roce* con los españoles, no se les pegó nada, y en cuanto que los echamos, se les olvidó todo.

Ahora no queda más que esperar a que un iluminado de ojos garzos se presente ante Franco y me le proponga descubrir África, para enseñar a moros y negritos a ser buenos y a rezar. Que el que sea ya está tardando, hombre.

> Ante España se abren amplios horizontes que tú tienes el deber de coronar. África nos llama con voz de ardiente enamorada. El mar nos tiende sus caminos para que por ellos busquemos otra vez la gloria y la riqueza. De nuevo misioneros de fe, de cultura y de amor. De nuevo lo español norma de vida. De nuevo España pueblo de Dios y yema del mundo.[124]

Y lo mismo voy y me escapo como Pizarro, y tiro para allá. El Ruiz seguro que se apunta; que donde haya pelea, allí que está

El moro aquel que no distinguía la unidad ni a tiros además es un inculto.

él. Sánchez Peinado podría hacer de misionero, tan bueno y tan religioso que es, que hasta tiene conciencia escrupulosa. Lo malo es el Briones; como se huela que vamos para allá... ¿qué va a enseñar, si no sabe nada, si lo lía todo? Irle, le va lo de grumete, pero en cuanto lleguemos se lo comen. Y el Carlos no es muy amigo; además, seguro que no le deja su madre.

Fin

Epílogo

A la escuela, / que ya es hora, / sin demora / vamos pues. / Nos lo exige, / nos lo manda, / la voz santa del deber. Cantábamos a la entrada y cantábamos a la salida: *Colegio querido / de mi corazón: / el Señor te guarde, / quédate con Dios.* Cantábamos los límites de España y cantábamos la tabla de multiplicar; y los ríos, cabos y golfos. Cantábamos las respuestas del catecismo y cantábamos el Himno de la Legión, *pesa en mi alma doliente calvario / que en el fuego busca redención.* Lo cantábamos todo.

Y cantábamos, claro, el Himno nacional. Bueno, quizá no tan claro, si se tiene en cuenta que el nuestro debe ser de los pocos himnos, si no el único, que no tiene letra. Pero entonces sí la tenía; mejor dicho, las tenía; que había para elegir. La de Eduardo Marquina, por ejemplo; que la emprendía con la bandera a las primeras de cambio, y en cuyos colores, púrpura y oro para las pupilas del insigne autor, éste veía claramente representados, carne y alma unas veces, querer y lograr, otras; según le pillara el cuerpo. Y, dado que la muerte por causas naturales nunca ha estado bien vista en los ambientes hidalgos, aquello terminaba pidiendo a España el gozo de morir por ella, precisamente para que la bandera en cuestión pudiera cubrir a los temerarios entonantes. Siempre generosa, la Patria concedió semejante ventura a cientos de miles de españoles durante la contienda nacional. Lo cual que, visto el efecto, los supervivientes optaron por gorjear la letra compuesta por José María Pemán, menos inflamada, sin riesgo aparente, que reducía sus exigencias a que el personal alzara los brazos.[125]

En el colegio, sin embargo, no cantábamos ni la una ni la otra versión de tan ilustres bardos. Seguramente de acuerdo a nuestra modesta condición, la por nosotros entonada figuraba sin mención de autor: una letra anónima ella, que venía recogida en la *enciclopedia:*

¡PATRIA MÍA!
(Música del Himno Nacional)

¡Viva España!, mi Patria esclarecida,
Madre sin igual,
compendio del honor.
¡Viva España!, solar de noble vida,
regio pedestal
de Cristo Redentor.
Fuiste de glorias florido pensil:
hoy reverdecen a un impulso juvenil.
Veinte naciones coronan tu sien:
¡Arriba España! Raza invicta es tu sostén.

Cienes y cienes de veces, que hubiera dicho Briones, pasé inmaculado, a voz en grito, por el *Fuiste de glorias florido pensil,* sin la menor idea de lo que pudiéramos estar berreando; y sin la más mínima curiosidad por averiguarlo, la verdad sea dicha. Pero en esa frase, en el recuerdo de su repetición estulta y mecánica, encuentro, sin embargo, el símbolo inefable de aquella escuela, la cifra del caos aparente; la *lógica* de tanta y tanta sandez. Está todo ahí, en el florido pensil de las narices.

Dejando a un lado, por obvia, la eficacia legitimadora del *garrotazo* y *tente tieso* —por otra parte, en el origen cierto de tanta y tanta institución venerada—, el Régimen del Nuevo Estado surgido de la Cruzada ansió con ahínco un refrendo ideológico para la *empanada* moral, social, política y económica que se traía entre manos. Loable aspiración, vive dios; y muy meritoria, si se tiene en cuenta el marco intelectual sugerido: *Lejos de nosotros la funesta manía de pensar.* Eso, sin contar con que más de uno tendría que aprender a leer y escribir para la ocasión. Pero como siempre hay gente para todo, pues tiraron *p'alante* con los faroles.

Para empezar, el personal enfrascado hubo de realizar juegos malabares en un intento de conciliar una voluntad, no ya conservadora, más bien reaccionaria y medievalizante, con una retórica cumplidamente revolucionaria. Por otra parte, no se podía apartar la vista ni un momento de la pipirrana pragmática que sustentaba el kiosco y a la que era preciso aliviar de tensiones por pitorros diversos. Por si faltaba algo, la variable coyuntura internacional me los traía locos a los pobres, todo el día goma de borrar en ristre. Y, en fin, un dato que no ha merecido la atención de eruditos e investigadores y que, sin embargo, se me antoja decisivo para la correcta comprensión y posterior valoración del *producto*: el desparrame, sin parangón histórico, de tantísimo tonto suelto con papel y lápiz.

Como la química aventuraba desde Gay-Lussac y Avogadro, aquello devino suspensión coloidal con las propiedades características de la masa de los churros. Por decirlo más finamente, cabe hablar al respecto de un abigarrado conjunto de ideas, de percepción sincrética y articulación incoherente e incluso contradictoria, amén de *francamente* simple, retórico hasta la náusea y sentimentaloide. Formalmente, aparece tosca y escasamente elaborado; y muy disperso, para colmo.

Personas con estudios opinan que *eso* ni es ideología ni es *na*. Sostienen que mucha agencia de socialización y mucha instrumentalización y control del aparato cultural y educativo, pero que el impacto popular de aquello fue nulo. Que la España oficial iba por un lado y la España real, por otro; y que no se encontraban sino en los toros. Que aquello no nos influyó lo más mínimo; no hay más que vernos ahora, demócratas hasta la mismísima raíz del cabello...

Pues habría que verlo eso, digo yo. Por lo pronto, niego la mayor: *serán ceniza, más tendrán sentido...* y no la querían para hacerse decorar un prendedor, precisamente. Plagiando a unos y a otros, y fundamentalmente a Gregorio Cámara, habrá que recordar cómo el churro en cuestión proporcionó la masilla aglutinante —otros le dicen el fondo ideológico común; y otros, aún más cultos, el acervo valorativo— a las fracciones distintas y diversas que conformaban el Bloque Nacional. Y como no sólo de acervos vive un régimen, mediante lo que algunos consideran prueba de la ausencia de ideología, esto es, apatía ciudadana, desmovilización, incultura política..., se logró una efectiva ocultación de intereses reales, de un lado, y de otro, y sobre todo, la máxima ilusión de toda ideología: perdurar en el machito. Como broma, hay que reconocerlo, no estuvo mal.[126]

Y en el ámbito escolar, tres cuartos de lo mismo. No sólo por aquello que se nos suministró, también por el despojo. Que la pulsión primera del Alzamiento era el odio; y la finalidad esencial, la destrucción. La Escuela republicana fue arrasada, gentes e ideas: «... el magisterio durante varias décadas y en todos sus grados y cada vez con más raras excepciones ha estado influido y casi monopolizado por ideologías disolventes; hay que revisar total y profundamente el personal de instrucción pública, trámite previo a una reorganización radical y definitiva de la enseñanza».[127] La muerte, la cárcel, el exilio para unos; la depuración para otros.

El verbo fácil y la certera prosa de José María Pemán, primer presidente de la Comisión de Cultura y Enseñanza de la Junta Técnica del Estado, consiguió eludir el enojoso trámite de denominar *maestros* a esos enseñantes de convicción republicana; le llevó su tinta pero lo logró: «... envenenadores del alma popular, primeros y mayores responsables de todos los crímenes y destrucciones que sobrecogen al mundo y han sembrado de duelo a la mayoría de los hogares honrados de España».[128] Naturalmente, no era bastante; los maestros no eran los únicos responsables, y Pemán lo intuía. Con increíble astutez, horadó la apariencia y alcanzó la recóndita guarida: aquellos individuos y envenenadores eran «... sencillamente los hijos espirituales de catedráticos y profesores que, a través de instituciones como la llamada Libre de Enseñanza, forjaron generaciones incrédulas y anárquicas».[129] Y se quedó corto, el hombre, que todavía mayor finura y profundidad de análisis muestra otro ilustre pensador, Joaquín de Entrambasaguas, quien no sólo amplió el cuadro de responsables sino que aún derrochó neuronas para legar a la posteridad un perspicaz y vivo retrato psicológico de la personalidad y motivaciones de los mismos. Una pintura descarnada de la cual quizá sirva como muestra este brochazo: «Si como todos sabemos, porque está harto probado, la Institución Libre de Enseñanza, con sus múltiples tentáculos y derivaciones, y los pedantes "pensadores" de la "generación del 98" y sus secuaces, resentidos y fracasados en su mayoría, fueron los que malévolamente, por afán trepador, ansioso de satisfacer vanidades y conseguir dineros, sumieron a España en la ruina de su estúpida desorientación y bellaca mendacidad ...».[130]

Lo cual que la llevó clara la Institución. La muy influyente revista *Atenas,* por poner sólo un ejemplo, solicitaba cándidamente que fuera pasada por las armas.[131] Y quien dice la Institución Libre de Enseñanza, dice la Escuela Superior de Magisterio, la Junta para Ampliación de Estudios e Investigaciones Científicas o la misma Residencia de Estudiantes.

Los individuos que integraban esas hordas revolucionarias cuyos desmanes tanto espanto causaban —por continuar con la sutil terminología pemaniana— fueron sustituidos por ex combatientes, ex cautivos y familiares de muertos o mutilados en la Campaña Nacional, posteriormente capacitados para el empeño en breves cursillos orientados a «... saturar su espíritu del contenido religioso y patriótico que informa nuestra cruzada».[132] Las Comisiones Depuradoras también se pusieron las botas incautando y destruyendo textos escolares; bien es verdad que habían sido previamente informadas por personas moralmente solventes de que «una de las normas más eficaces utilizadas por la revolución para infiltrar sus venenosas doctrinas en la sociedad española ha sido el libro escolar sectario y antipedagógico repartido con aviesa intención durante los últimos años en la escuela laica republicana».[133]

Instituciones, profesores, libros... No quedaban sino los chavales, y ya puestos, oye... Rodolfo Llopis había escrito: «La escuela no puede coaccionar las conciencias. Al contrario, ha de respetarlas. Ha de liberarlas. Ha de ser lugar neutral donde el niño viva, crezca, se desarrolle sin sojuzgaciones de esa índole».[134] ¡Tal que si fueran seres humanos! Que eso pasa por leer a Rousseau, que casi seguro que este hombre se había leído *Emilio* de un tirón, que tiene su mérito, que la edición que menos tiene seiscientas páginas. La Revolución Nacional revolucionó esto también: «Una de esas ideas liberales era la de que hay que respetar, sobre todo, la conciencia del niño y la conciencia del maestro; que la educación es respetar el sentido natural de los educandos y su libertad. Pues bien; yo quiero que meditéis que la idea contraria es el eje de toda la filosofía de la educación patriótica».[135] El inductor a semejante reflexión era Pedro Sáinz Rodríguez, primero de los ministros de Educación Nacional en el franquismo. ¿Y por qué? —no que por qué era ministro; que por qué decía esas cosas—. Pues porque hasta los chiquillos eran erróneos en tiempos de la República. Entonces eran virtuosos inmanentes; tras el Alzamiento, unos bestias: «Por tanto, el problema de la educación consiste en situarse ante el niño diciéndose: ¿Es este un ser a quien no hay más que cultivar porque él tiene de un modo inmanente todas las virtudes, o es un ser en el que predomina la naturaleza de la bestia humana, si no viene la educación a poner la semilla de espiritualidad y de luminosidad en su alma?».[136]

Como se trata de una pregunta retórica, está claro que el *nuevo* niño es lo segundo, una fiera corrupia. Así lo debieron entender, además, los cuatrocientos futuros maestros —o domadores— asistentes al curso de orientación en cuyo acto de clausura el ministro pronunciaba estas palabras. Lo digo porque la transcripción que manejo acota: «(*Gran ovación*)». Seguidamente, el excelentísimo señor arremetió de nuevo contra Rousseau, que una cosa es el individuo y otra muy distinta, la persona; lo cual le hizo merecedor de una «(*Enorme ovación*)». De ello tuvieron cumplida noticia todos los maestros de la España liberada: las ponencias e intervenciones de autoridades fueron luego recopiladas en un par de volúmenes que se distribuyeron graciosamente. Quiero decir que a más de uno le tuvo que parecer una gracia que les descontaran de su sueldo de 500 pesetas las 18 que costaban los libros.

No es nada lo del ojo; ¡y lo tenía en la mano! El conjunto del sistema educativo republicano, desmantelado; una trayectoria pedagógica avanzada y plural, devastada hasta la última molécula... Cuanto menos, habrá que admitir que un escamoteo de ese calibre, como señala Gregorio Cámara, «... cercenó para todos los escolares cualquier posibilidad de información sobre las "otras" teorías políticas, sobre las "otras" filosofías, sobre las "otras" religiones, sobre las "otras" interpretaciones de nuestra historia ...».[137] Por lo demás, no se trata sólo de una consecuencia *lógica,* sino de un efecto metódicamente perseguido: la *desinformación* como uno de los objetivos de la política educativa. Y sus secuelas morales e in-

telectuales, claro: desinterés, carencia de rigor, ausencia de sentido crítico. «—Europa es el mundo ideal del 2 y 2 son 4 —me dijo
un día mi maestro. A lo que yo le respondí: —Y España es el mundo pasional del 2 y 2 son 5»;[138] que tiene bemoles la cosa.

No es posible rastrear en esos años el más mínimo atisbo de
preocupación por el rendimiento escolar o por los métodos educativos; sí, en cambio, un surtido variado de *lindezas* hacia los pro-
gresos foráneos en ciencias de la educación, pedagogía educativa
o psicología del aprendizaje. Claro que, al contrario de lo que su-
cede en Caballería, hay —y se da— una explicación: «Estamos
construyendo una Ciencia y una Técnica Pedagógicas de contenido español y de sentido revolucionario y aquí no valen traducciones».[139] Ni traducciones, ni gaitas; a ver en qué libro extranjero
puede encontrarse semejante joya: «Para ser científica, la educación debe actuar sobre la "herencia específicamente nacional", sobre "la naturaleza animal-racional-española" de los alumnos».[140]
Pues eso, a ver.

No sé, no sé; pero tengo la leve impresión de que carencias de
esta índole en el modelado de aquellas tiernas mentes guardan, lejana pero alguna, relación con las majaderías que ahora algunos
evacuan sin sosiego. Y no estoy solo en la sospecha: «Creo firme-
mente —escribe al respecto José María Carandell— que mucho más
importante que la retrógada educación que se nos dio a los españoles desde 1940, es la que se nos negó y que había fructificado
hasta 1939».[141]

Ciertamente, el *suministro* tampoco fue moco de pavo. Tras la
anécdota de la vacua y retórica exaltación imperialista y patriote-
ra, de la delirante reinterpretación epopéyica de la historia, del gui-
ñolesco culto a la personalidad, del tenebroso catolicismo integrista,
estaba, permanente como la funeraria, la *categoría* de la constante
evocación simbólica de las ideas de jerarquía, unidad, patria, raza,
nacionalismo, autoridad, disciplina, tradición, familia... La familia tradicional, sí; refugio de consanguinidad y afecto, remanso de
bienestar y felicidad... Pero rigurosamente jerarquizada y sexual-
mente partida en dos; sede natural del *porquesianismo,* el puñeta-
zo en la mesa y la patada al perro; escuela de machismo y de resignación; y justificación analógica de la organización social y política

más conservadora. La patria, sí; la Patria como vínculo natural, como causa común, como suprema alianza; armónico y solidario lar de ricos y pobres, empresarios y trabajadores, coros y danzas... Pero, también, emocional y mística negación de las diferencias entre clases, de las injusticias estructurales; y fuente de etnocentrismo *chauvinista,* racista y xenófobo. Jerarquía, obediencia, disciplina: otros que tal bailan; pilares de la sociedad natural, de la gran hermandad; claves de la convivencia integrada y armónica en aras del bien común, del engrandecimiento patrio... Dicho de otra forma: sacralización de las desigualdades, caudillismos y oligarquías; negación de los derechos elementales y tumba de reivindicaciones. Jerarquía, obediencia, disciplina...; resignación, conformismo, sumisión.

La mentalidad —el *talante,* si se prefiere— de una sociedad, la manera que ésta tiene de entender y de afrontar la realidad, no es ajena a su pasado. Menos, a las estrategias que en ese pasado articularon el complejo entramado de dominio, legitimación, imposición y reproducción que es la escuela. La práctica pedagógica es, siempre, instrumento básico de socialización: es, siempre —y entiéndase como se quiera—, una *violencia* sobre las conciencias. Por demás está recordar ahora que la enseñanza primaria obligatoria —período y ámbito a los que se circunscribe el presente trabajo— reúne a la práctica totalidad de los individuos de cada generación en el momento más receptivo y menos crítico de toda su existencia.

Bien es verdad que han pasado los años. A saber qué fue de la muchacha del problema 631; la que consumió su primavera confeccionando tapetes de sesenta por cuarenta y cinco centímetros, con retalillos de tela de distintos colores... ¿Y de la familia del 720, tan hospitalaria ella?, ¿qué se hizo? O, mejor: ¿qué hicieron ellos con los parientes que un buen día se presentaron y permanecieron ¡64 días! de visita? ¿Era la misma familia que consumía diez huevos un día y veinte al otro, sin manifiestos problemas de hígado o colesterol? Ya estará jubilado, o muerto de cirrosis, el obrero que gastaba en la taberna la *doceava* parte de lo que había cobrado; y las cosas serían hoy muy distintas para el otro alcohólico, el que dilapidó su fortuna tomando un aperitivo diario y dos los domingos: una renta anual de 2.340 pesetas hubiera sido la grata compensación a treinta, ¿eran treinta, verdad?, años de abstemia espera. La profesión más rentable ya no es la de andarín, y las mujeres no arrastran sacos de arroz a la vuelta de la compra. Si, por alguna razón hay que decir la edad, ya no se lleva contestar aquello de «si añades trece años a los 3/5 de la que tenía hace dos, resultará la que tendré dentro de cinco». El Infierno, por otro lado, ya no es lo que era; y ni la Trinidad, o las Obras de Misericordia, cuestan ya un tímpano. Curiosamente, ningún grupo parlamentario ha sugerido someter a referéndum la existencia de Dios. Los socialistas ya no son pobres, y lo de África quedó en agua de borrajas... Algo se intentó con Alemania, bien es verdad, y dos millones de españoles se fueron para allá; pero no los convertimos, no se dejaron. El tipo medio español es ahora un medio tipo que se las apaña para ir tirando, y a saber de qué es portador. Hace tiempo que Inglaterra no está detrás de ninguna conspiración antiespañola y ahora somos amigos y residentes en la Comunidad Europea. En fin, tanto el que no ama a sus parientes, como el que los adora, debe usar un dentífrico con flúor y visitar periódicamente al odontólogo. Fíjate si han cambiado las cosas.

Y ahora, fin y a descansar una temporada. Vayamos a tonterías y me pase como a los chinos, los pobres:

Los chinos no tienen descanso semanal y son fisiológica y espiritualmente inferiores a los demás hombres.[142]

Notas

1. Los ejercicios y problemas recogidos en este capítulo han sido extraídos de las siguientes obras: Antonio Álvarez Pérez, *Enciclopedia. Segundo grado,* Valladolid, Miñón, s. a., 1959, 43.ª ed.; *idem, Enciclopedia. Tercer grado,* Valladolid, Miñón, 1961, 58.ª ed.; José Dalmáu Carles, *Enciclopedia. Grado elemental,* Gerona-Madrid, Dalmáu Carles, Pla, 1964; Edelvives, *Enciclopedia. Grado preparatorio,* Zaragoza, Luis Vives, 1958; *idem, Enciclopedia. Segundo grado,* Zaragoza, Luis Vives; *idem, Enciclopedia. Tercer grado,* Zaragoza, Luis Vives, 1955; H.S.R., *Nueva Enciclopedia Escolar. Grado segundo,* Burgos, Hijos de Santiago Rodríguez, 1960, 39.ª ed. reformada; Pla-Dalmáu, *Enciclopedia Estudio. Libro Azul,* Gerona-Madrid, Dalmáu Carles, Pla, 1958; Juan José Ortega Ucedo, *Haces de Luz. Cuarto curso elemental,* Barcelona, Prima Luce, 1962.

2. Antonio Fernández Rodríguez, *Enciclopedia Práctica. Grado superior,* Barcelona, Miguel A. Salvatella, 1958, pp. 674-677.

3. Antonio Fernández Rodríguez, *Enciclopedia Práctica. Período elemental; grado segundo,* Barcelona, Miguel A. Salvatella, 1954, 12.ª ed. ampliada, p. 132.

4. P. M. Jerónimo de Ripalda, *Catecismo de la Doctrina Cristiana,* Plasencia, Sánchez Rodrigo, *s.d.;* P. M. Jerónimo de Ripalda, *Catecismo de la Doctrina Cristiana. Añadido por D. Juan Antonio de la Riva,* Madrid, Hernando, *s.d.;* Benito Fuentes Isla, *Catecismo de Ripalda graduado,* Madrid, 1934, 2.ª ed.; P. Gaspar Astete, *Catecismo de la Doctrina Cristiana,* Madrid, Hernando, 1952; Comisión Episcopal de Enseñanza, *Catecismo de la Doctrina Cristiana,* Madrid, 1960, 3.ª ed.; T. Avia García, *El Catecismo o La Doctrina de Jesucristo,* Granada, Imprenta H.º de Paulino Ventura, 1940; Daniel Llorente, *Catecismo explicado con Gráficos y ejemplos,* Valladolid, Casa Martín, 1950, 9.ª ed.; S. S. Pío X, *Catecismo de la Doctrina Cristiana. 2.º grado,* Barcelona, Roma, 1940.

5. R. P. Ramón Sarabia, *A los niños Pláticas y Ejemplos,* Barcelona, Imprenta Pulcra, *circa* 1933.

6. *Op. cit.,* p. 62.

7. *Ibidem,* p. 256.

8. *Ibidem,* p. 64.

9. *Ibidem,* p. 66.

10. *Ibidem,* p. 84.

11. *Ibidem.*

12. *Ibidem,* p. 237.

13. *Ibidem,* p. 330.

14. *Ibidem,* p. 360.

15. *Ibidem,* p. 361.

16. *Ibidem,* p. 236.

17. Cf. A. García Figar, O. P., *Lecciones de orientación cinematográfica,* Madrid, Stvdivm, 1961, pp. 21-31.

18. R. P. Ramón Sarabia, *A los niños Pláticas y Ejemplos,* p. 236.

19. *Ibidem,* pp. 238-239.

20. Antonio Álvarez Pérez, *Enciclopedia. Tercer grado,* p. 24.

21. Silvestre Santaló y Polvorell, *Historia Sagrada, Grado elemental*, Gerona-Madrid, Dalmáu Carles, Pla, 1936, p. 13.

22. *Ibidem*, p. 19.

23. *Ibidem*, p. 25.

24. R. P. Ramón Sarabia, *A los niños Pláticas y Ejemplos*, p. 372.

25. Edelvives, *Lecturas Graduadas. Libro primero*, Zaragoza, Luis Vives, 1953, p. 15.

26. Anónimo, *Lecturas*, Barcelona, J. G. Seix Barral Hnos., 1945, 16.ª ed., p. 85.

27. Manuel Polo y Peyrolón, «Dos clases de limosna», en Edelvives, *Lecturas Graduadas. Libro tercero*, Zaragoza, Luis Vives, 1951, p. 183.

28. Agustín Serrano de Haro, *Cristo es la Verdad*, Madrid, Escuela Española, 1941, 2.ª ed., p. 213.

29. José Dalmáu Carles, *Infancia. Libro segundo*, Gerona-Madrid, Dalmáu Carles, Pla, 1960, p. 28.

30. Anónimo, *Lecturas*, p. 81.

31. Manuel Polo y Peyrolón, «Dos clases de limosna», p. 183.

32. Antonio Álvarez Pérez, *Enciclopedia. Tercer grado*, Valladolid, Miñón, 1961, 58.ª ed., p. 24.

33. Antonio Fernández Rodríguez, *Panorama. Tercer libro de lecturas*, Plasencia, Sánchez Rodrigo, 1942, p. 26.

34. *Ibidem*.

35. Edelvives, *Lecturas Graduadas. Libro primero*, p. 116.

36. Manuel Polo y Peyrolón, «Dos clases de limosna», p. 183.

37. *Ibidem*, p. 80.

38. Juan José Ortega Ucedo, *Haces de Luz. Compendio de actividades escolares. Cuarto curso elemental*, pp. 256 y ss.

39. E. Vañó y T. Puerto, *Roberto Alcázar, el intrépido aventurero español*, Valencia, Editora Valenciana, 1940-1975.

40. Agustín Serrano de Haro, *Yo soy español*, Madrid, Escuela Española, 1953, 11.ª ed., p. 54.

41. Instituto de España, *Manual de la Historia de España. Primer grado*, Santander, 1939, p. 45.

42. Agustín Serrano de Haro, *Yo soy español*, p. 56.

43. José María Pemán, *La Historia de España contada con sencillez*. Cádiz-Madrid, Escelicer, 1939, tomo I, p. 225.

44. Agustín Serrano de Haro, *Yo soy español*, p. 57.

45. Julián Lizondo Gascueña, *Espejo y Gloria de España. Figuras, momentos, evocaciones*, Burgos, Hijos de Santiago Rodríguez, 1941, 3.ª ed., p. 81.

46. Agustín Serrano de Haro, *España es Así*, Madrid, Escuela Española, 1942, 5.ª ed., pp. 217-218.

47. Feliciano Cereceda, S. I., *Historia del Imperio Español y de la Hispanidad*, Madrid, Razón y Fe, 1940, p. 23.

48. Agustín Serrano de Haro, *Yo soy español*, p. 35.

49. *Ibidem*, p. 16.

50. José María Pemán, *La Historia de España contada con sencillez* p. 44.

51. Antonio Fernández Rodríguez, *Iniciaciones. Libro activo de primeras nociones*, Barcelona, Miguel A. Salvatella, 1949, 7.ª ed., p. 172.

52. Antonio Álvarez Pérez, *Enciclopedia. Tercer grado*, p. 423.

53. *Ibidem*, p. 423.

54. *Ibidem*, p. 425.
55. Menéndez-Reigada, *Catecismo Patriótico Español*, Salamanca, Fide, 1939, p. 4.
56. *Ibidem*, p. 5.
57. José María Salaverría, *El muchacho español*, San Sebastián, Librería Internacional, *circa* 1938, 3.ª ed., p. 55.
58. Agustín Serrano de Haro, *Yo soy español*, p. 16.
59. José María Pemán, *La Historia de España contada con sencillez*, p. 43.
60. Menéndez-Reigada, *Catecismo Patriótico Español*, p. 12.
61. Agustín Serrano de Haro, *Yo soy español*, p. 32.
62. Menéndez-Reigada, *Catecismo Patriótico Español*, p. 14.
63. *Ibidem*.
64. Agustín Serrano de Haro, *Yo soy español*, p. 35.
65. José María Pemán, *La Historia de España contada con sencillez*, p. 152.
66. Agustín Serrano de Haro, *Yo soy español*, p. 40.
67. Antonio Álvarez Pérez, *Enciclopedia. Tercer grado*, p. 439.
68. Agustín Serrano de Haro, *Guirnaldas de la Historia*, Madrid, Escuela Española, 1948, p. 51.
69. F. T. D., *El Libro de España*, Reproducción facsímil de la segunda edición de 1932, Zaragoza, Luis Vives, 1940, p. 302.
70. Feliciano Cereceda, S. I., *Historia del Imperio Español y de la Hispanidad*, p. 8.
71. Agustín Serrano de Haro, *Yo soy español*, p. 60.
72. Federico Torres Yagües, *Enciclopedia Activa. Grado superior*, Madrid, Hernando, 1946, 4.ª ed., p. 360.
73. Agustín Serrano de Haro, *España es Así*, p. 145.
74. Julián Lizondo Gascueña, *Espejo y Gloria de España. Figuras, momentos, evocaciones*, p. 85.
75. Menéndez-Reigada, *Catecismo Patriótico Español*, p. 20.
76. Edelvives, *Historia de España. Segundo grado*, Zaragoza, Luis Vives, 1951, p. 234.
77. Agustín Serrano de Haro, *Yo soy español*, p. 61.
78. *Ibidem*, p. 64.
79. Menéndez-Reigada, *Catecismo Patriótico Español*, p. 21.
80. Carlos Rey Aparicio, *Temple Juvenil*, Madrid, Escuela Española, 1960, p. 85.
81. *Ibidem*, p. 86.
82. Menéndez-Reigada, *Catecismo Patriótico Español*, p. 9.
83. Feliciano Cereceda, S. I., *Historia del Imperio Español y de la Hispanidad*, p. 233.
84. Antonio Álvarez Pérez, *Enciclopedia. Tercer grado*, p. 466.
85. Antonio J. Onieva, *Escudo Imperial*, Burgos, Hijos de Santiago Rodríguez, 1957 (e.o. 1939), 8.ª ed., p. 65.
86. Ernesto, La Orden Miracle, «Conjuro de Carlos Quinto ante el Alcázar de Toledo», en Edelvives, *Lecturas Graduadas. Libro tercero*, Zaragoza, Luis Vives, 1951, p. 99.
87. Feliciano Cereceda, S. I., *Historia del Imperio Español y de la Hispanidad*, p. 257.
88. Carlos Rey Aparicio, *Temple Juvenil*, p. 86.
89. Feliciano Cereceda, S. I., *Historia del Imperio Español y de la Hispanidad*, p. 273.
90. *Ibidem*, p. 274.
91. Agustín Serrano de Haro, *Yo soy español*, p. 83.
92. José María Pemán, *La Historia de España contada con sencillez*, tomo II, pp. 208-209.
93. Agustín Serrano de Haro, *España es Así*, p. 289.

94. José María Pemán, *La Historia de España contada con sencillez*, p. 213.
95. Agustín Serrano de Haro, *España es Así*, p. 287.
96. Antonio Fernández Rodríguez, *Primeras Emociones. Libro de lectura para el grado primero*, Madrid, Editorial Magisterio Español, 1962 (ed. o. 1948), 5.ª ed., p. 92.
97. Antonio Fernández Rodríguez, *Panoramas. Tercer libro de lectura*, p. 38.
98. José María Pemán, *La Historia de España contada con sencillez*, tomo II, p. 220.
99. *Ibidem*, tomo I, p. 26.
100. Federico Torres Yagües, *Enciclopedia Activa. Grado superior*, p. 412.
101. Antonio Fernández Rodríguez, *Panoramas. Tercer libro de lecturas*, p. 38.
102. Agustín Serrano de Haro, *España es Así*, p. 293.
103. Agustín Serrano de Haro, *España es Así*, Madrid, Escuela Española, 1958, 19.ª ed., pp. 295 y ss.
104. Escuela Española, *Estampas y nociones*, Madrid, Escuela Española, 1963, 3.ª ed., p. 93.
105. Menéndez-Reigada, *Catecismo Patriótico Español*, pp. 11-12.
106. Agustín Serrano de Haro, *España es Así*, p. 18.
107. *Ibidem*, p. 11.
108. *Ibidem*, p. 299.
109. Agustín Serrano de Haro, *Mirando a España*, Madrid, Paraninfo, 1963, pp. 15 y 65.
110. Antonio Fernández Rodríguez, *Panoramas. Tercer libro de lecturas*, p. 199.
111. José María Pemán, *La Historia de España contada con sencillez*, tomo I, p. 54.
112. Adolfo Maíllo, *Patria*, Zaragoza, Hijo de Ricardo González, *circa* 1940, p. 47.
113. H.S.R., *Así quiero ser. El niño del Nuevo Estado*, p. 24.
114. *Ibidem*, p. 16.
115. Víctor García Hoz, Nicolás González Ruiz, Miguel Herrero García, *Contestaciones al cuestionario oficial de las oposiciones a ingreso en el Magisterio Nacional*, Madrid, Escuela Española, 1944, p. 34.
116. Menéndez-Reigada, *Catecismo Patriótico Español*, p. 41.
117. H.S.R., *Así quiero ser. El niño del Nuevo Estado*, pp. 20-21.
118. José María Pemán, *La Historia de España contada con sencillez*, tomo I, p. 64.
119. José María Salaverría, *El muchacho español*, p. 42.
120. *Ibidem*, p. 43.
121. Sección Femenina de FET y de las JONS, *Enciclopedia elemental*, Madrid, 1951, 2.ª ed., p. 228.
122. Antonio Fernández Rodríguez, *Enciclopedia práctica. Grado elemental*, p. 224.
123. *Ibidem*, p. 190.
124. Antonio Fernández Rodríguez, *Panorama. Tercer libro de lectura*, p. 201.
125. Letra de Eduardo Marquina: I. La Bandera de España: *¡Gloria, gloria, corona de la Patria, / soberana luz / que es oro en tu pendón! / ¡Vida, vida, futuro de la Patria, / que en tus ojos es / abierto corazón! ... / Púrpura y oro: bandera inmortal; / en tus colores, juntas, carne y alma están. / Púrpura y oro: querer y lograr. / ¡Tú eres, bandera, el signo del humano afán!/.* II. España Guiadora: *¡Pide, España! ¡Tu nombre llevaremos / donde quieras tú, / que honrarlo es nuestra ley! / ¡Manda, España, y unidos lucharemos / porque vivas tú, / sin tregua, pueblo y rey! / Una bandera gloriosa nos das; / ¡nadie, viviendo, España, nos la arrancará! / Para que un día nos pueda cubrir, / ¡danos, España, el gozo de morir por ti!*
Letra de José María Pemán: I. *¡Viva España! / Alzad los brazos hijos del pueblo español / que vuelve a resurgir. / ¡Gloria a la Patria / que supo seguir / sobre el azul del mar / el caminar del sol! II. Triunfa España: / los yunques y las ruedas canten al compás / un*

nuevo himno de fe / Juntos con ellos cantemos de pie / la vida nueva y fuerte / de trabajo y paz.

Con la misma música de la Marcha Real, llegó a circular una versión *mariana*: *La Virgen María es nuestra redentora, / nuestra salvación. / No hay nada que temer. / Vence al Mundo, al Demonio, la Carne. / ¡Guerra, guerra, guerra contra Lucifer!*

126. Véase, a este respecto, Gregorio Cámara Villar, *Nacional-Catolicismo y Escuela. La Socialización Política del Franquismo (1936-1951)*, Jaén, Editorial Hesperia, 1984, pp. 17-47.

127. Orden de 8 de noviembre de 1936.

128. Circular de 7 de diciembre de 1936, dirigida a los presidentes y vocales de las Comisiones Depuradoras del Personal de Instrucción Pública.

129. Circular de 7 de diciembre de 1936.

130. Joaquín de Entrambasaguas, *Pérdida de la Universidad española*, Bilbao, Delegación Nacional de Prensa y Propaganda de FET y de las JONS, 1938, p. 91.

131. *Atenas*, n.º 67 (marzo de 1937), editorial «Manos a la obra».

132. Orden de 8 de noviembre de 1936.

133. Orden de 18 de agosto de 1938.

134. Circular de 12 de enero de 1932 dirigida a los inspectores de primera enseñanza y a los presidentes de los consejos de protección escolar.

135. Pedro Sáinz Rodríguez, *La Escuela y el Estado Nuevo*, en *Curso de orientaciones nacionales de la Enseñanza Primaria*, Burgos, Hijos de Santiago Rodríguez, 1938, vol. I, p. 56.

136. *Ibidem*, p. 57.

137. Gregorio Cámara Villar, *Nacional-Catolicismo y Escuela*, p. 46.

138. A. J. Onieva, *La nueva escuela española. Realización práctica*, Valladolid, Santarén, 1939, pp. 7-29. Citado en *Historia de la educación en España*, tomo V, Nacional-Catolicismo y Educación en la España de posguerra, Madrid, Ministerio de Educación y Ciencia, 1990, p. 535.

139. *Revista Nacional de Educación*, año I, n.º 2, 1941.

140. Miguel Herrero García, *Pedagogía Española*, Madrid, 1941, p. 45.

141. José María Carandell, «Lejos de nosotros la funesta manía de pensar», en *Cuadernos de Pedagogía*, suplemento n.º 3, sobre *Fascismo y Educación* (septiembre, 1976).

142. Antonio Álvarez Pérez, *Enciclopedia. Tercer grado*, p. 607.

Fuentes

Alabart Ballesteros, Luis, *Mi primer Libro. Primera parte,* Barcelona, Librería Bastinos, 1948. Ilustraciones de Luis Mallafré.

—, *Lecturas Variadas,* Madrid, Ministerio de Educación Nacional, 1959.

Álvarez Pérez, Antonio, *Enciclopedia. Primer grado,* Valladolid, Miñón, 1961, 88.ª ed.

—, *El Parvulito,* Valladolid, Miñón, 1955, 20.ª ed. Ilustraciones del autor.

—, *Enciclopedia. Iniciación profesional,* Valladolid, Miñón, 1964, 10.ª ed.

—, *Enciclopedia. Segundo grado,* Valladolid, Miñón, 1959, 43.ª ed. Ilustraciones del autor.

—, *Enciclopedia. Tercer grado,* Valladolid, Miñón, 1961, 58.ª ed. Ilustraciones del autor.

Anónimo, *Lecturas,* Barcelona, J. G. Seix Barral Hnos., 1945, 16.ª ed.

Anónimo, *Símbolos de España. Libro escolar de lectura,* Madrid, Magisterio Español, *s.d.,* 7.ª ed.

Anónimo, *Lectura Mental y Activa. Segundo grado,* Madrid, Magisterio Español, *s.d.*

Arias, Manuel Antonio, *Mis Segundos Pasos. Grado preparatorio,* Burgos, Hijos de Santiago Rodríguez, 1965, 27.ª ed.

Ascarza-Solana, *Primeras Lecturas,* Madrid, Magisterio Español, *s.d.*

Astete, P. Gaspar, *Catecismo de la Doctrina Cristiana,* Madrid, Hernando, 1952.

Avia García, T., *El Catecismo o La Doctrina de Jesucristo,* Granada, Imprenta H.º de Paulino Ventura, 1940.

Blanco Hernando, Quiliano, *Faro. Enciclopedia escolar. Segundo ciclo,* Plasencia, Sánchez Rodrigo, 1963, 2.ª ed.

—, *Faro. Enciclopedia escolar. Período de perfeccionamiento,* Plasencia, Sánchez Rodrigo, 1963, 3.ª ed.

Bruño, *Historia de España. Segundo grado,* Madrid, Bruño, 1958, 13.ª ed.

Cereceda, Feliciano, *Historia del Imperio Español y de la Hispanidad,* Madrid, Razón y Fe, 1940.

Comisión Episcopal de Enseñanza, *Catecismo de la Doctrina Cristiana,* Madrid, 1960, 3.ª ed.

Chaparro Wert, Manuel, *Estampas Escolares,* Riotinto, Chaparro Hnos., 1945.

D.C.P., *Fundamentos. Libro tercero,* Gerona-Madrid, Dalmáu Carles, Pla, 1955.

Dalmáu Carles, José, *Enciclopedia. Grado preparatorio,* Gerona-Madrid, Dalmáu Carles, Pla, *s.d.*

—, *Lecciones de Cosas,* Gerona-Madrid, Dalmáu Carles, Pla, 1960.

—, *El Camarada. Segunda parte,* Gerona-Madrid, Dalmáu Carles, Pla, *s.d.*

—, *Infancia. Libro segundo,* Gerona-Madrid, Dalmáu Carles, Pla, 1960.

—, *Enciclopedia. Grado Elemental,* Gerona-Madrid, Dalmáu Carles, Pla, 1964.

Del Jesús Moreno, Manuel, y Andrés Ramiro Aparicio, *Santos Españoles. Forjadores del Imperio,* Madrid, Magisterio Español, 1961.

Díaz Santillana, Santos, *Ventanal de España. Lecturas emocionales, geográficas e históricas,* Barcelona, Miguel A. Salvatella, 1950.

E. P., *Enciclopedia de la Enseñanza Primaria. Grado segundo,* Madrid, Compañía Bibliográfica española, 1953, 7.ª ed.

Edelvives, *Enciclopedia Escolar. Segundo grado,* Zaragoza, Luis Vives, *s.d.*

—, *El Libro de España,* Zaragoza, Luis Vives, 1948.

—, *Enciclopedia Escolar. Grado preparatorio,* Zaragoza, Luis Vives, 1956.

—, *Gramática Española. Primer grado,* Zaragoza, Luis Vives, 1956.

—, *Gramática Española. Segundo grado,* Zaragoza, Luis Vives, 1961.

—, *Lecturas Graduadas. Libro tercero,* Zaragoza, Luis Vives, 1951.

—, *Enciclopedia Escolar. Primer ciclo,* Zaragoza, Luis Vives, 1956.

—, *Historia de España. Segundo grado,* Zaragoza, Luis Vives, 1951.

—, *Enciclopedia Escolar. Tercer grado,* Zaragoza, Luis Vives, 1955.

—, *Lecturas Graduadas. Libro primero,* Zaragoza, Luis Vives, 1953.

Escuela Española, *Estampas y Nociones,* Madrid, Escuela Española, 1963, 3.ª ed.

F.T.D., *El Libro de España.* Reproducción facsímil de la segunda edición de 1932, Zaragoza, Luis Vives, 1940.

Fernández Rodríguez, Antonio, *Iniciaciones. Libro activo de primeras nociones,* Barcelona, Miguel A. Salvatella, 1949, 7.ª ed.

—, *Panoramas. Tercer libro de lecturas,* Plasencia, Sánchez Rodrigo, 1942.

—, *Enciclopedia práctica. Grado elemental,* Barcelona, Miguel A. Salvatella, 1954, 12.ª ed. ampliada.

—, *Evangelio Ilustrado y Conmemoraciones Escolares,* Barcelona, Miguel A. Salvatella, *s.d.* (ed. o. 1946), 2.ª ed.

—, *Enciclopedia Práctica. Grado medio,* Barcelona, Miguel A. Salvatella, 1957, 12.ª ed. Ilustraciones de Juan Navarro Higuera.

—, *Enciclopedia práctica. Grado superior,* Barcelona, Miguel A. Salvatella, 1958.

—, *Primeras Emociones. Libro de lectura para el grado primero,* 1962 (ed. o. 1948), 5.ª ed. Ilustraciones de Juan Navarro.

—, *Ingenuidades. Libro de lectura manuscrita,* Barcelona, Miguel A. Salvatella, 1950, 18.ª ed. Ilustraciones de Fernández Collado.

—, *Enciclopedia práctica. Grado preparatorio,* Barcelona, Miguel A. Salvatella, 1958.

Fuentes Isla, Benito, *Catecismo de Ripalda graduado,* Madrid, 1934, 2.ª ed.

García Figar, A., *Lecciones de orientación cinematográfica,* Madrid, Stvdivm, 1961.

García Hoz, Víctor, Nicolás González Ruiz, Miguel Herrero García, y cuerpo de redactores de Escuela Española, *Contestaciones al cuestionario oficial de las oposiciones a ingreso en el Magisterio Nacional,* Madrid, Escuela Española, 1944.

H.S.R., *Así quiero ser. El niño del Nuevo Estado,* Burgos, Hijos de Santiago Rodríguez, 1944.

—, *Nueva Enciclopedia Escolar. Grado de iniciación,* Burgos, Hijos de Santiago Rodríguez, 1958, 9.ª ed. Ilustraciones de Soravilla.

—, *Nueva Enciclopedia Escolar. Grado segundo,* Burgos, Hijos de Santiago Rodríguez, 1960, 39.ª ed. reformada.

—, *Nueva Enciclopedia Escolar. Grado primero,* Burgos, Hijos de Santiago Rodríguez, 1959, 44.ª ed. reformada y ampliada.

Herrero Salgado, Cesáreo, *Cuentos, leyendas y narraciones,* Zamora, Tipografía Comercial, 1956, 3.ª ed. Ilustraciones de A. Álvarez Pérez.

Instituto de España, *Manual de la Historia de España. Primer grado,* Santander, 1939.

—, *Manual de la Historia de España. Segundo grado,* Santander, 1939.

Lizondo Gascueña, Julián, *Espejo y Gloria de España. Figuras, momentos, evocaciones,* Burgos, Hijos de Santiago Rodríguez, 1941, 3.ª ed. Ilustraciones de Fortunato Julián.

Llorente, Daniel, *Catecismo explicado con gráficos y ejemplos,* Valladolid, Casa Martín, 1950, 9.ª ed.

—, *Explicación Dialogada del Evangelio,* Valladolid, Casa Martín, 1944, 6.ª ed.

Maíllo, Adolfo, *Patria,* Zaragoza, Hijo de Ricardo González, *circa* 1940.

Marinel·lo, Manuel, *Lo que nos rodea. 50 lecciones de cosas,* Barcelona, Imprenta Ezelviriana y Librería Camí, 1945 (ed. o. 1910), 27.ª ed. Ilustraciones de Ricardo Opisso.

Menéndez-Reigada, *Catecismo Patriótico Español,* Salamanca, Fide, 1939.

Muñoz Iglesias, Salvador, *La Iglesia ante el Cine,* Madrid, Centro Español de Estudios Cinematográficos, 1958.

Navarro Higuera, Juan, *Lecciones amenas. Segundo libro,* Barcelona, Miguel A. Salvatella, 1961. Ilustraciones de Navarro y Carbonell.

Onieva, Antonio J., *Escudo Imperial,* Burgos, Hijos de Santiago Rodríguez, 1957 (ed. o. 1939), 8.ª ed. Ilustraciones de Fortunato Julián; cubierta de J. Algora.

—, y Federico Torres, *Enciclopedia Hernando. El libro del párvulo,* Madrid, Hernando, 1956, 2.ª ed.

—, y Federico Torres Yagües, *Semilla. Enciclopedia para adultos. Nivel elemental,* Madrid, Ediciones Iberoamericanas, 1965.

Ortega Ucedo, Juan José, *Haces de Luz. Compendio de actividades escolares. Libro de primeras nociones,* Barcelona, Prima Luce, 1962.

—, *Haces de Luz. Compendio de actividades escolares. Cuarto curso elemental,* Barcelona, Prima Luce, 1962.

Ortiz Muñoz, Luis, *Glorias Imperiales,* Madrid, Magisterio Español, 1940.

Pemán, José María, *La Historia de España contada con sencillez,* Cádiz-Madrid, Escelicer, 1939, 2 vols.

Pérez de Urbel, fray Justo, *Historia Sagrada. Segundo grado,* Burgos, Hijos de Santiago Rodríguez, 1957, 8.ª ed.

Pichler, Guillermo, *Manual de Religión para niños,* Madrid, Afrodisio Aguado, 1948, 4.ª ed.

S.S. Pío X, *Catecismo de la Doctrina Cristiana, 2.º grado,* Barcelona, Roma, 1940.

Pla-Dalmáu, *Estudio. Enciclopedia escolar. Ciclo de perfeccionamiento,* Gerona-Madrid, Dalmáu Carles, Pla, 1958.

—, *Enciclopedia. Grado de iniciación,* Gerona-Madrid, Dalmáu Carles, Pla, *s.d.*

Real Academia Española, *El Lenguaje en la Escuela. Grado preparatorio,* Madrid, 1941.

—, *El Lenguaje en la Escuela. Grado medio,* Madrid, 1944.

Rey Aparicio, Carlos, *Temple Juvenil,* Madrid, Escuela Española, 1960.

Ripalda, P. M. Jerónimo de, *Catecismo de la Doctrina Cristiana,* Plasencia, Sánchez Rodrigo, *s.d.*

—, *Catecismo de la Doctrina Cristiana. Añadido por D. Juan Antonio de la Riva,* Madrid, Hernando, *s.d.*

Rodríguez Miguel, Mariano, *Las Lecciones del Padre. Educación Moral y Cívica,* Burgos, Hijos de Santiago Rodríguez, 1938, 14.ª ed. reformada. Ilustraciones de Fortunato Julián.

Rodríguez Álvarez, Ángel, *Rayas. Método de enseñanza de la lectura por la escritura,* Plasencia, Sánchez Rodrigo, 1952, 32.ª ed.

Salaverría, José María, *El muchacho español,* San Sebastián, Librería Internacional, *circa* 1938, 3.ª ed.

Santaló y Polvorell, Silvestre, *Historia Sagrada,* Grado elemental, Gerona-Madrid, Dalmáu Carles, Pla, 1936.

Santiago-Fuentes, Magdalena, *La Escuela y la Patria. Lecturas para niñas,* Burgos, Hijos de Santiago Rodríguez, 1940, 28.ª ed.

Sarabia, Ramón, *A los niños Pláticas y Ejemplos,* Barcelona, Imprenta Pulcra, *circa* 1933.

Sección Femenina de FET y de las JONS, *Formación Política. Lecciones para las Flechas,* Madrid, *s.d.,* 8.ª ed.

—, *Enciclopedia elemental,* Madrid, 1951, 2.ª ed.

—, *Nacional Sindicalismo. Lecciones para las Flechas,* Madrid, 1948.

Serrano de Haro, Agustín, *España es Así,* Madrid, Escuela Española, 1942, 5.ª ed.

—, *España es Así,* Madrid, Escuela Española, 1958, 19.ª ed.

—, *España es Así,* Madrid, Escuela Española, 1965, 24.ª ed., reformada.

—, *Palabras y Pensamientos. El libro del primer grado de lenguaje,* Madrid, Escuela Española, 1955, 3.ª ed. Cubierta de Jesús Bernal, ilustraciones de Francisco Armenteros.

—, *Guirnaldas de la Historia,* Madrid, Escuela Española, 1948.

—, *Yo soy español,* Madrid, Escuela Española, 1953, 11.ª ed. Ilustraciones de José López Arjona.

—, *Cristo es la Verdad,* Madrid, Escuela Española, 1941, 2.ª ed.

—, *Mirando a España,* Madrid, Paraninfo, 1963.

—, *Hemos visto al Señor. El libro de primer grado de religión,* Madrid, Escuela Española, 1963, 58.ª ed.

Siurot, Manuel, *La Nueva Emoción de España. Libro de cultura patriótica y popular,* Burgos, Hijos de Santiago Rodríguez, 1941, 5.ª ed.

Solana, Ezequiel, *Lecturas de Oro. Colección de ejemplos, fábulas, e historietas morales para niños,* Madrid, Escuela Española, 1959, 78.ª ed.

Torres Yagües, Federico, *Enciclopedia Activa. Grado superior,* Madrid, Hernando, 1946, 4.ª ed.

Torres, Federico, *Mundo e Historia. Lecturas geográfico-históricas españolas y universales,* Barcelona, Miguel A. Salvatella, 1963.

Vañó, E., y T. Puerto, *Roberto Alcázar, El intrépido aventurero español,* Valencia, Editora Valenciana, 1940-1975.

Xandri Pich, José, *Concentraciones. Enciclopedia escolar. Grado tercero,* Madrid, Yagües, 1944, 2.ª ed.

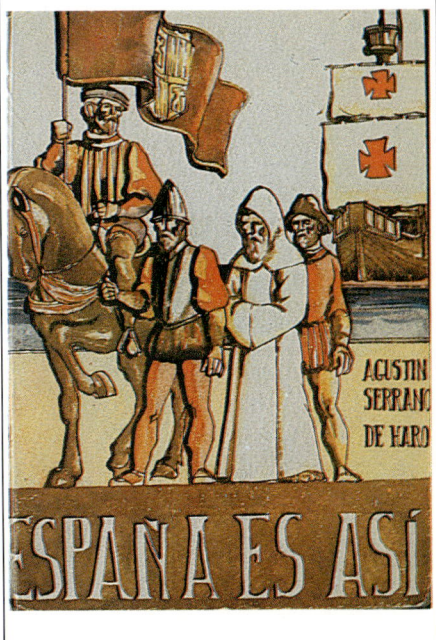

GLORIAS IMPERIALES

Luis Ortiz Muñoz

AGUSTÍN SERRANO DE HARO

Yo soy español

ESCUELA ESPAÑOLA

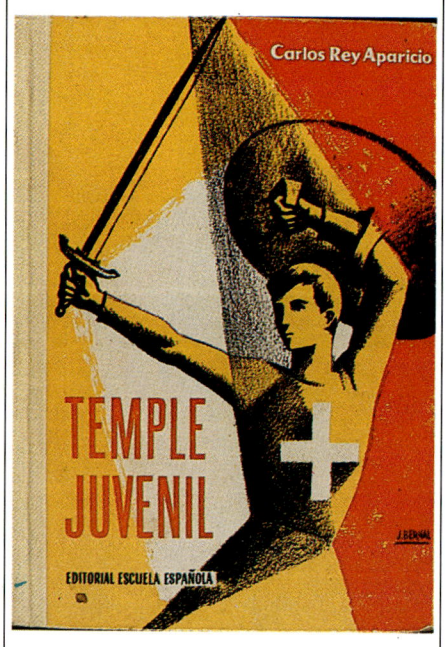

Carlos Rey Aparicio

TEMPLE JUVENIL

EDITORIAL ESCUELA ESPAÑOLA

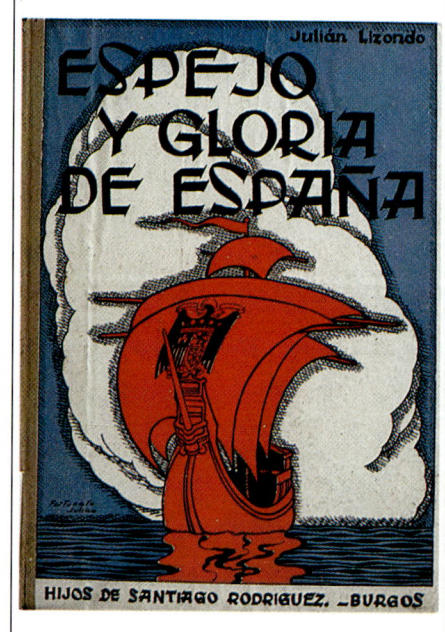

Julián Lizondo

ESPEJO Y GLORIA DE ESPAÑA

HIJOS DE SANTIAGO RODRIGUEZ.—BURGOS

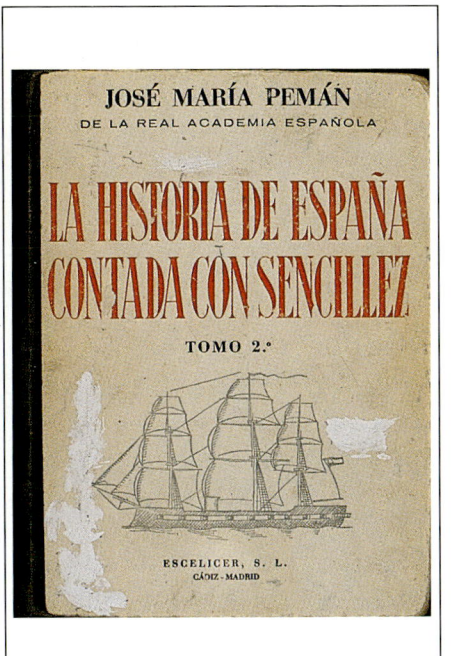

JOSÉ MARÍA PEMÁN
DE LA REAL ACADEMIA ESPAÑOLA

LA HISTORIA DE ESPAÑA
CONTADA CON SENCILLEZ

TOMO 2.°

ESCELICER, S. L.
CÁDIZ - MADRID

SÍMBOLOS de ESPAÑA
LIBRO ESCOLAR DE LECTURA

EDITORIAL MAGISTERIO ESPAÑOL
MADRID

HISTORIA DE ESPAÑA

2.° GRADO

EDICIONES BRUNO

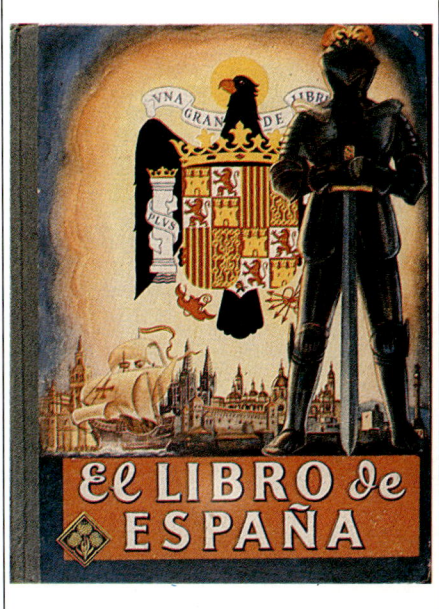

UNA GRANDE LIBRE

EL LIBRO de ESPAÑA

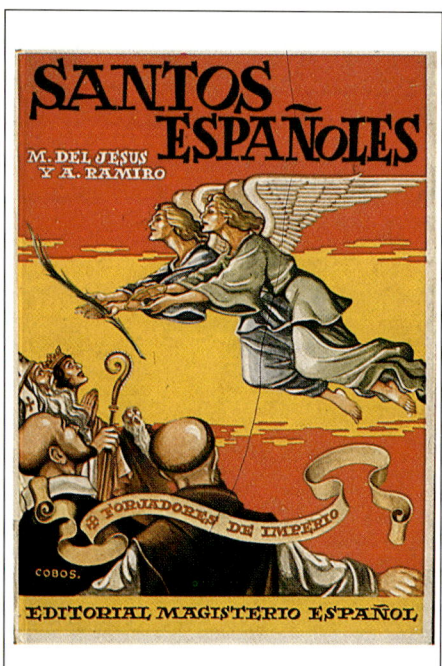

SANTOS ESPAÑOLES

M. DEL JESUS Y A. RAMIRO

FORJADORES DE IMPERIO

COBOS.

EDITORIAL MAGISTERIO ESPAÑOL

AGUSTIN SERRANO de HARO

Hemos visto al Señor

ESCUELA ESPAÑOLA

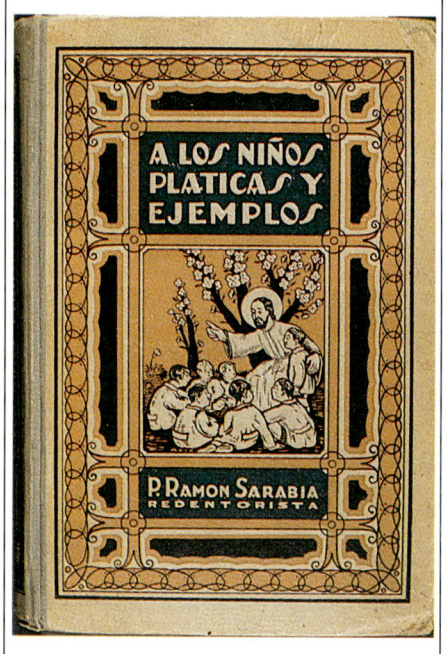

A LOS NIÑOS PLATICAS Y EJEMPLOS

P. RAMON SARABIA
REDENTORISTA

Catecismo de la Doctrina Cristiana

Explicado e Ilustrado
2.° grado
Texto de SS. Pio X

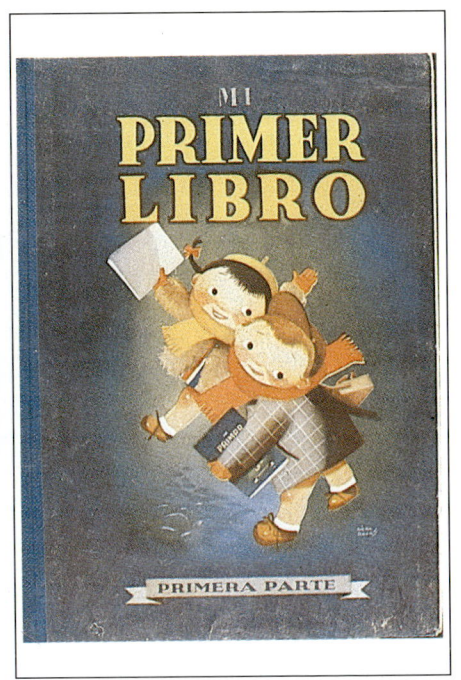

MI
**PRIMER
LIBRO**

PRIMERA PARTE

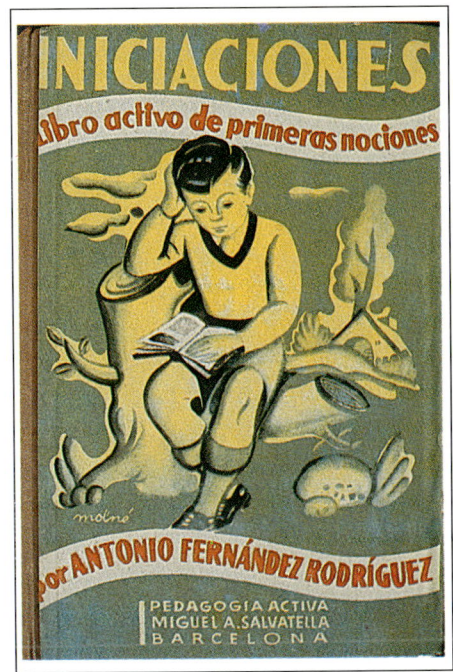

INICIACIONES
Libro activo de primeras nociones

molné

por **ANTONIO FERNÁNDEZ RODRÍGUEZ**

PEDAGOGIA ACTIVA
MIGUEL A. SALVATELLA
BARCELONA

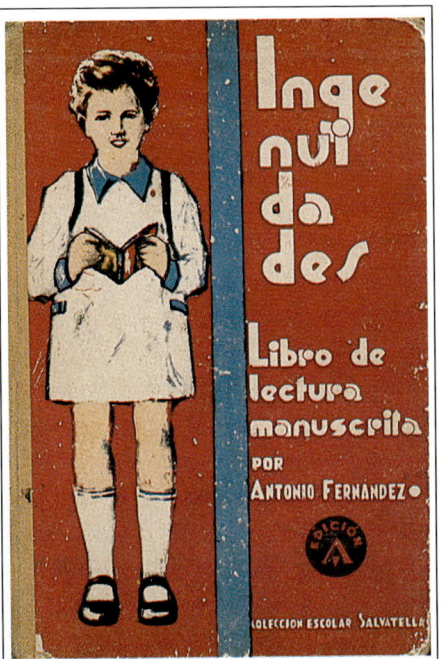

**Inge
nui
da
des**

Libro de
lectura
manuscrita

POR
ANTONIO FERNÁNDEZ

EDICIÓN A

COLECCIÓN ESCOLAR SALVATELLA

ANTONIO FERNANDEZ RODRIGUEZ
**PRIMERAS
EMOCIONES**

Libro de lectura para el grado primero
EDITORIAL MAGISTERIO ESPAÑOL

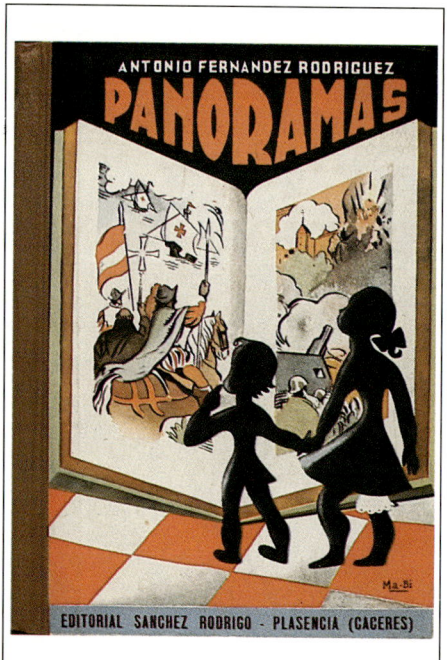

ANTONIO FERNANDEZ RODRIGUEZ
PANORAMAS
EDITORIAL SANCHEZ RODRIGO - PLASENCIA (CACERES)

Ascarza y Solana
PRIMERAS LECTURAS
EDITORIAL MAGISTERIO ESPAÑOL
MADRID

ANGEL RODRIGUEZ ALVAREZ
RAYAS
EDITORIAL SÁNCHEZ RODRIGO
PLASENCIA (CÁCERES)

TRILLO TORIJA
Lecciones de Cosas para párvulos

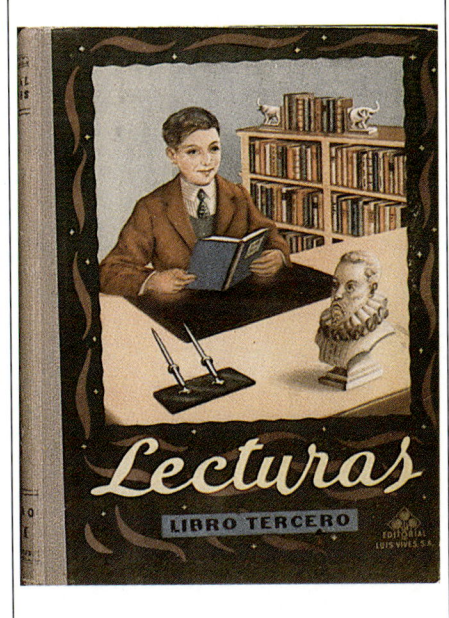

LECTURA MENTAL y ACTIVA
CURSO DE LECTURAS INFANTILES
II · PARTE

LECTURA EN ACCIÓN
Curso de lecturas infantiles I parte

EDITORIAL "MAGISTERIO ESPAÑOL"

LO QUE NOS RODEA

POR
MANUEL MARINEL·LO

SANTOS DIAZ SANTILLANA
Ventanal de ESPAÑA
Lecturas emocionales, geográficas e históricas

EDITORIAL
MIGUEL A. SALVATELLA
BARCELONA

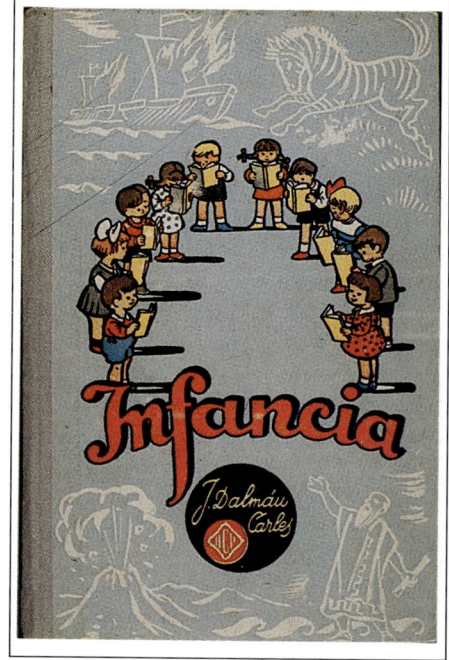

Infancia
J. Dalmáu Carles

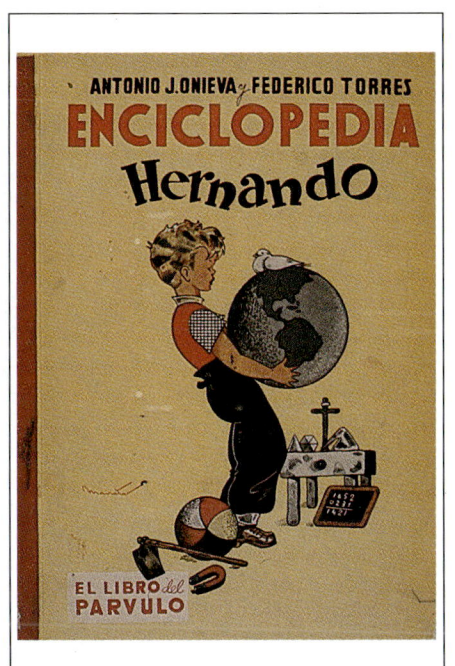

ALVAREZ

Enciclopedia
INTUITIVA · SINTETICA · PRACTICA
TERCER GRADO

ALVAREZ

Enciclopedia
INTUITIVA, SINTETICA Y PRACTICA
INICIACION PROFESIONAL

Federico Torres
ENCICLOPEDIA
ACTIVA

GRADO
SUPERIOR

Nueva
ENCICLOPEDIA
escolar

GRADO
2º

PERIODO DE
PERFECCIONAMIENTO

HIJOS DE SANTIAGO RODRIGUEZ · BURGOS

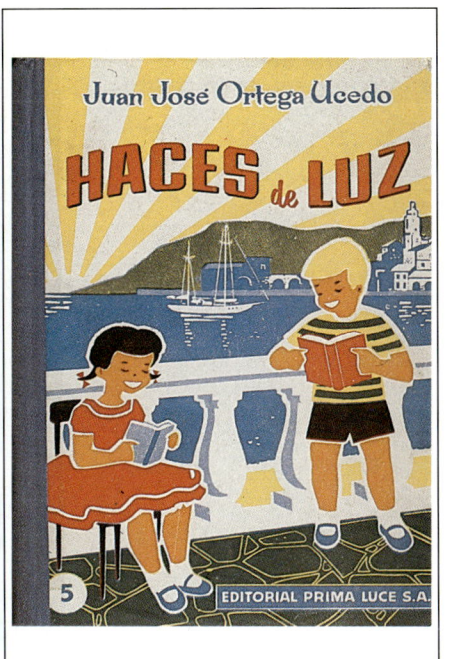

Juan José Ortega Ucedo

HACES de LUZ

5   EDITORIAL PRIMA LUCE S.A.

ENCICLOPEDIA ESTUDIO

LIBRO AZUL

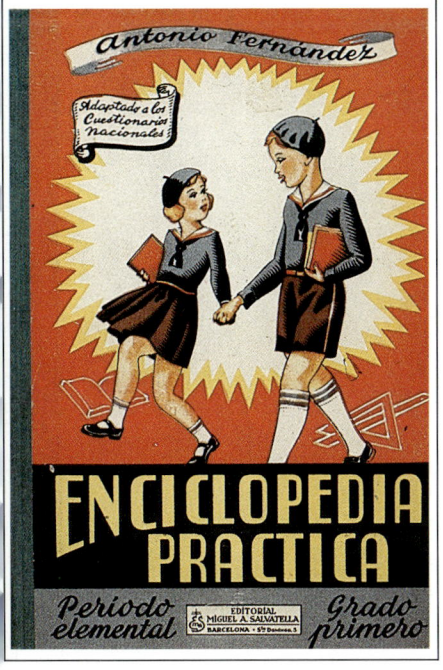

Antonio Fernández

Adaptada a los Cuestionarios Nacionales

ENCICLOPEDIA PRACTICA

Periodo elemental   EDITORIAL MIGUEL A. SALVATELLA BARCELONA - 57 Diputación, 5   Grado primero

Antonio Fernández

Adaptada a los Cuestionarios Nacionales

ENCICLOPEDIA PRACTICA

Periodo elemental   EDITORIAL MIGUEL A. SALVATELLA BARCELONA - 57 Diputación, 5   Grado segundo

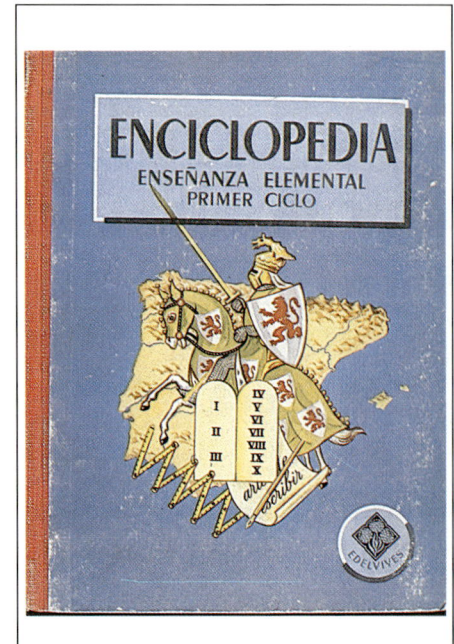

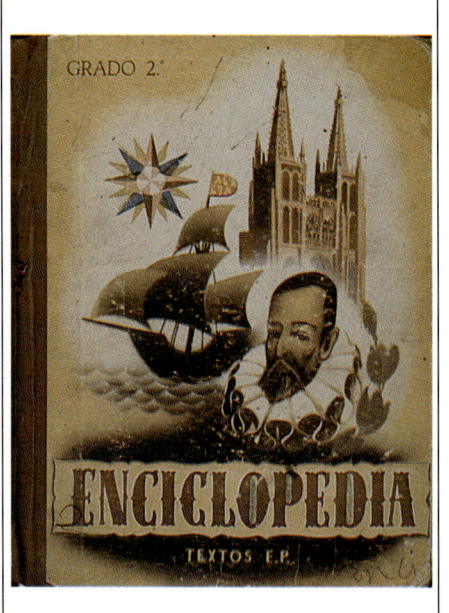

Izar y Arriar.

Izar.—Las Banderas entonando uno de los Cantos Nacionales.

Todos.—En el nombre del Padre, del Hijo, etc.

Maestro.—Señor, Dios Todopoderoso que vivis las

Arriar.—Formación de los alumnos ante el mástil.

Maestro.—El Angel del Señor anunció a Maria.

La Escuela; el lugar de trabajo.

La escuela es el lugar donde el niño comienza las primeras nociones y conducta social fuera del seno familiar. Así como en el hogar tiene obligación de obedecer a sus padres pues en la escuela a su maestro y teniendo buenas relaciones con sus discípulos. En la clase se iniciará además de otras materias las nociones de cooperación valor del trabajo y servicio a la Patria. Después cuando el niño haya abandonado la clase... León - 23 - septiembre - 1970.

Fernando González de 9 años de ed

El descanso. Sus Fines.

El trabajo que diariamente realiza hoy el productor es muy distinto de los tiempos de antes de la guerra. Hoy se estimula al productor con vacaciones retribuidas es decir que tiene derecho a vacaciones pagadas y antes no ocurría así. De ahí que cuando nosotros ocupamos un cargo, oficio o colaboración en la comunidad de España debemos tener gran entusiasmo por el cargo que ocupemos unido a que aquellas productoras que más se hayan destacado o distinguido durante el año serán preferidas para que disfruten cierto número de vacaciones. Estas vacaciones deben ser buenas para después reanuden ----- etc

León 10 de Junio de 1969.

El alumno: Eusebio Álvarez Fernández

de 8 años de edad.

Lección Conmemorativa.

12 de Octubre.-Día de la Hispanidad.

Mañana es día de Fiesta: la Hispanidad
y al propio tiempo la Fiesta de la Virgen del Pilar.
La primera celebra el CDLXXVI aniversario del
descubrimiento de América; efemérides gloriosas, que
nos recuerda la eterna misión de España: el alum-
bramiento de pueblos a la Fe y a la civilización.
León 11 de octubre de 1968. Roberto Miguel Alaiz ...

Referencias de las ilustraciones

Páginas 153, 154, 155, 182 y 195: José López Arjona. En Agustín Serrano de Haro, *Yo soy español*, Madrid, Escuela Española, 1953, 11.ª ed.

Páginas 35, 38, 49, 59, 163, 166 y 203: Juan Navarro Higuera. En Antonio Fernández Rodríguez, *Enciclopedia práctica. Grado preparatorio*, Barcelona, Miguel A. Salvatella, 1958.

Página 41: sin mención de autor. En Quiliano Blanco Hernando, *Faro, Enciclopedia escolar. Segundo ciclo*, Plasencia, Sánchez Rodrigo, 1963, 2.ª ed.

Página 42: Trillo Torija, Rosado Rivas y Mairata. En Antonio J. Onieva y Federico Torres, *Enciclopedia Hernando. El libro del párvulo*, Madrid, Hernando, 1956, 2.ª ed.

Páginas 44, 53, 55, 61, 62 (*abajo*), 64, 72, 88, 97, 101, 149, 162, 163 (*abajo*), 169, 173, 179, 186, 187, 188, 192, 193 y 217: Antonio Álvarez Pérez. En Antonio Álvarez Pérez, *Enciclopedia. Tercer grado*, Valladolid, Miñón, 1961, 58.ª ed.

Páginas 47, 159, 178, 189, 215 y 216: Juan Navarro Higuera. En Antonio Fernández Rodríguez, *Enciclopedia práctica. Grado elemental*, Barcelona, Miguel A. Salvatella, 1954, 12.ª ed. ampliada.

Páginas 59, 73, 172, 191 y 202: Juan Navarro Higuera. En Antonio Fernández Rodríguez, *Enciclopedia práctica. Grado medio*, Barcelona, Miguel A. Salvatella, 1957, 12.ª ed.

Página 60: Juan Navarro Higuera. En Antonio Fernández Rodríguez, *Evangelio Ilustrado y Conmemoraciones Escolares*, Barcelona, Miguel A. Salvatella, *s.d.*, 2.ª ed. (ed. o. 1946).

Páginas 62 (*arriba*), 63, 171, 180 (*abajo*), 190 y 199: Antonio Álvarez Pérez. En Antonio Álvarez Pérez, *Enciclopedia. Segundo grado*, Valladolid, Miñón, 1959, 43.ª ed.

Páginas 67, 152 y 165: sin mención de autor. En Ángel Rodríguez Álvarez, *Rayas. Método de enseñanza de la lectura por la escritura*, Plasencia, Sánchez Rodrigo, 1952, 32.ª ed.

Página 70 (*arriba y abajo*): Fortunato Julián. En Mariano Rodríguez Miguel, *Las Lecciones del Padre. Educación Moral y Cívica*, Burgos, Hijos de Santiago Rodríguez, 1938, 14.ª ed. reformada.

Páginas 70 (*izquierda*), 84, 90, 91 y 95: sin mención de autor. En Edelvives, *Lecciones graduadas. Libro primero*, Zaragoza, Luis Vives, 1953.

Página 70 (*derecha*): Soravilla. En H.S.R., *Nueva Enciclopedia Escolar. Grado de iniciación*, Burgos, Hijos de Santiago Rodríguez, 1958, 9.ª ed. Páginas 74, 75 y 79: sin mención de autor. En S.S. Pío X, *Catecismo de la Doctrina Cristiana. 2.º grado*, Barcelona, Roma, 1940.
Página 78: sin mención de autor. En H.R.S., *Nueva Enciclopedia Escolar. Grado segundo*, Burgos, Hijos de Santiago Rodríguez, 1960, 39 ed. reformada.
Páginas 81 y 85: sin mención de autor. En Edelvives, *Enciclopedia Escolar. Segundo grado*, Zaragoza, Luis Vives, *s.d.*
Páginas 86 y 180: sin mención de autor. En José Dalmáu Carles, *Infancia. Libro segundo*, Gerona-Madrid, Dalmáu Carles, Pla, 1960.
Página 93: sin mención de autor. En José Dalmáu Carles, *El Camarada. Segunda parte*, Gerona-Madrid, Dalmáu Carles, Pla, *s.d.*
Página 94: sin mención de autor. En Edelvives, *Lecturas Graduadas. Libro tercero*, Zaragoza, Luis Vives, 1951.
Páginas 113-129: E. Vañó. En E. Vañó y T. Puerto, *Roberto Alcázar. El intrépido aventurero español*, Valencia, Editora Valenciana, 1940-1975.
Página 157: Juan Navarro Higuera. En Antonio Fernández Rodríguez, *Enciclopedia práctica. Grado superior*, Barcelona, Miguel A. Salvatella, 1958.
Página 160: sin mención de autor. En Antonio Fernández Rodríguez, *Panoramas. Tercer libro de lecturas*, Plasencia, Sánchez Rodrigo, 1957, 3.ª ed.
Página 161: anuncio de Industrias Marca. En Ramos Perea, *Guía comercial. Nostalgia de la publicidad musical de los años 30, 40 y 50*, Madrid, Cámara de Comercio y de Industria, *s.d.*
Página 166: reproducción de la p. 91 de *Estampas y Nociones*, Madrid, Escuela Española, 1963, 3.ª ed.
Páginas 170 y 175: sin mención de autor. En Agustín Serrano de Haro, *España es Así*, Madrid, Escuela Española, 1942, 5.ª ed.
Página 181: sin mención de autor. En Real Academia Española, *El Lenguaje en la Escuela. Grado preparatorio*, Madrid, 1941.
Página 185: sin mención de autor. En Federico Torres Yagües, *Enciclopedia Activa. Grado superior*, Madrid, Hernando, 1956, 4.ª ed.
Página 198: Valentín Castanys. En *Pelayos*, n.º 25, 12 de junio de 1937. Recogido en Antonio Martín, *Historia del cómic español: 1875-1939*, Barcelona, Gustavo Gili, 1978.
Página 200: Fernández Collado. En Antonio Fernández Rodríguez, *Ingenuidades. Libro de lectura manuscrita*, Barcelona, Miguel A. Salvatella, 1950, 18.ª ed.

Página 201: sin mención de autor. En Edelvives, *Historia de España. Segundo grado,* Zaragoza, Luis Vives, 1951.

Páginas 204 y 211: Antonio Álvarez Pérez. En Antonio Álvarez Pérez, *Enciclopedia. Iniciación profesional,* Valladolid, Miñón, 1964, 10.ª ed.

Página 205: sin mención de autor. En José Xandri Pich, *Concentraciones. Enciclopedia escolar. Grado tercero,* Madrid, Yagües, 1944, 2.ª ed.

Página 210: sin mención de autor. En Pla-Dalmáu, *Estudio. Enciclopedia escolar. Ciclo de perfeccionamiento,* Gerona-Madrid, Dalmáu Carles, Pla, 1958.

Página 213: sin mención de autor. En Agustín Serrano de Haro, *Mirando a España,* Madrid, Paraninfo, 1963.

Índice

*El apéndice «Los libros aquellos… y los cuadernos» se encuentra
entre las páginas 240 y 241*

Depósito legal: B. 4821-1997
Impresión y encuadernación: Printer industria gráfica, s.a.
N. II, Cuatro caminos s/n, 08620 Sant Vicenç dels Horts
Barcelona, 1997. Impreso en España
ISBN 84-226-6422-4
N.º 30601